大地の哲学

アイヌ民族の精神文化に学ぶ

小坂洋右

未來社

目次

装幀——伊勢功治

カムチャツカ半島
シュムシュ島
パラムシル島
千島列島
太平洋
オホーツク海
ウルップ島
樺太（サハリン）
山丹地方
アムール川
タタール海峡（間宮海峡）
択捉島
国後島
色丹島
根室
稚内
釧路
白糠
礼文島
旭川
平取町二風谷
石狩
静内（新ひだか）
恵庭
札幌
白老
千歳
登別
函館
松前
青森
ユーラシア大陸

本書について

1　引用文の「　」内では、原文に付せられていたカッコ書きは（　）で、筆者が付したカッコ書きは〔　〕で括り、区別している。

2　アイヌ民族関連の書籍で、小文字のカタカナ表記を織り交ぜたアイヌ語の発音表記法がすでに定着していることから、本書でもそれを採用している。小文字の「ㇻ」「ㇼ」「ㇽ」「ㇾ」「ㇿ」は母音を伴わない「r」音で、直前の母音と同じ段のラ行音で表わしている。このほか小文字で表記した「ㇷ゚」「ㇰ」「ㇱ」「ㇺ」なども、あとに母音がつかない子音である。ただし、「ㇷ゚」は唇を閉じる、「ㇰ」は口の奥の方を閉じるといったアイヌ語独特の発音の仕方がある。詳しくは言語学やアイヌ語学習の書籍を参考にしてもらいたい。

3　「ト゚」「ツ゚」は、英語のトゥナイトの「トゥ」と同じような発音で、引用文以外では「トゥ」と表記している。

大地の哲学

――アイヌ民族の精神文化に学ぶ

序　章　福島第一原発事故の衝撃

私たちはほんとうのことを、いつもいつもあとで知った。たいていは時すでに遅かった。

一九五四年、米国がビキニ環礁で水爆実験を行なったあと、ロンゲラップ島の子どもたちは白いサンゴ混じりの「雪」を口に入れ、降り積もった「雪」の絨毯《じゅうたん》の上を転げ回った。積もったパウダーをどれだけたくさん集められるかを競い、顔や髪に塗りつけて笑いあった。体中が焼けるように熱くなって、吐き気と下痢に見舞われたのはそれからほどなくだった。それは強烈な放射能を帯びた死の灰だったのだ。

後遺症に苦しむ人たちに、米国政府は島に缶詰を運んではあてがった。大地も海も強烈に汚染され、ヤシの実もヤシガニも口にしてはならないと通達せざるをえなかったからだ。

サンゴ礁の島は生命の連環が断たれたばかりか、伝統文化も、慣れ親しんだ食生活も失われ、体を蝕まれた人々はその後、やむなく島を去る決意をした。

一九八六年の旧ソ連チェルノブイリ原発事故で消火に当たった消防士は入院後、全身が水疱に覆われ、シーツは毎日、血で赤く染まった。原子力の専門家だったら、事故現場で作業をすればたちまち致死量の放射線を浴びることは即座に判断できただろう。だが、消防士たちは任務に駆り立てられるばかりで、放射線がどれほど恐ろしいものか、そこがどれほど危険な場所かを知らされることはなかった。

その何人もが全身被曝で死を免れなかった。末期は骨と肉が離れて、ぶらぶらしながらもかろうじて一つの体のなかにあるという状態になった。肺や肝臓のかけらが口から出てくると、まもなく死が訪れた。「強い放射能を帯びている」ということで、家族には遺体の引き取りも許されなかった。

チェルノブイリ原発事故の二年後、ニューヨーク州のマリオ・クオモ知事がマンハッタンにほど近いロングアイランド島のショーラム原発の買い取りを表明した。「万一、事故が起きれば住民を避難させられない」という理由だった。買い取ったうえでニューヨーク州は原発をそのまま廃炉にした。

＊

「死んだ川にどうやってサケを呼び戻すのか、あなたは知らないでしょう。絶滅した動物をどうやって生き返らせるのか、あなたは知らないでしょう。そして、いまや砂漠となってしまった場所にどうやって森をよみがえらせるのか、あなたは知らないでしょう。

どうやって直すのかわからないものを、壊し続けるのはもうやめてください」

一二歳の少女が発した言葉が世界じゅうに共感を呼び起こしたのが、一九九二年、ブラジル・リオデジャネイロで開かれた地球サミットだった。カナダから参加したセヴァン＝カリス・スズキは危機感をさらに訴えた。

「ここでは、あなたたちは政府とか企業とか団体とかの代表でしょう。あるいは、報道関係者か政治家かもしれない。でもほんとうは、あなたたちもだれかの母親であり、父親であり、姉妹であり、兄弟であり、おばであり、おじなんです。そしてあなたたちのだれもが、だれかの子どもなんです。

私はまだ子どもですが、ここにいる私たちみんなが同じ大きな家族の一員であることを知っています。そうです五〇億以上の人間からなる大家族。いいえ、じつは三千万種類の生物からなる大家族です。国境や各国の政府がどんなに私たちを分け隔てようとしても、このことは変えようがありません。私は子どもですが、みんながこの大家族の一員であり、ひとつの目標に向けて心を一つにして行動しなければならないことを知っています。

チェルノブイリ原発事故の収拾に駆り出され、心身消耗しきった作業従事者
(『チェルノブイリクライシス――史上最悪の原発事故 PHOTO 全記録［完全復刻版］』竹書房)

私は怒っていません。でも、自分を見失ってはいません。私は怖い。でも、自分の気持ちを世界じゅうに伝えることを、私は恐れません」

聞いた人の心に地球環境の持続こそが大事なのだという認識を呼び覚ました演説は、とりわけ温暖化の元凶である温室効果ガスの削減に各国が取り組む契機となった。だが、二酸化炭素を出さないことを理由に、奇しくも多くの国が目を向けたのは原発の建設、増設だった。日本もその路線を選び取った。

ニューヨーク州知事の「廃炉のための原発買い取り」は当初、「馬鹿げた取り引き」と揶揄《やゆ》された。日本では「東京湾に原発を造ったっていい。それぐらい安全だ」と口にした東京都知事もいた。それがどれほど無責任な発言だったか、そしてニューヨーク州知事の判断がどれだけ正しかったか、日本人が気づいたのは、二〇一一年の三月だった。

*

あの日、東日本大震災の津波によって東京電力福島第一原発1〜4号機が全電源喪失のコントロール不能に陥り、核燃料が溶けてつぎつぎと水素爆発などを起こした。

原発周辺の自治体はもとより、風下に位置していた福島県飯舘村にとりわけ多くの放射性物質が降り注いだ。にもかかわらず、政府の判断が揺れて避難は遅れに遅れ、住民の被曝を防げなかった。

極限の状況で、人はある種の達観に至る。

「私も豊かな生活を享受してきた人間のひとりとして、この放射能汚染に間接的ではあるけれども加担している。私は被害者であるけれども加害者でもあると思っているのですが、だから、放射能を浴び続けながら我が家で暮らしているサンショウウオやカエルたちに申し訳ない。自分だけが逃げるなんて卑怯極まりないと思って、私は自分を責め続けているのだということに思い至りました。

けれども、そう考えることは結局、自分と生き物たちを別の存在と考えて、上から目線で彼らに対して申し訳ないと感じているということなのではないか。彼らは放射能に汚染されたあの場所で、被害者であるとか加害者であるとか、そんなことは何も考えず、与えられたいのちを、ただ生きている。私も被害者でもなく、加害者でもなく、ただ生きればいいのだ。私は人として、生き物としてまっとうな世界でまっとうな生き方をしたい。まっとうな世界が蹂躙《じゅうりん》されてしまった今、被害者としてではなく、生き物たちの代表として、これ以上破壊すれば私たちはみんな滅び去るしかないということを語る必要に迫られている……。

私はあの場所で生きるいのちと一つながりの世界に生きているのであり、あの場所に降り注いだ放射能もまた、私の一部なのだ。いいえ、放射能はあなたの一部なんかじゃない、あなたは逃げることができると思われるかもしれません。でも、放射能は私の上にも私がつながっているいのちの世界にも、そして私の心の中にも降り注ぎ、もう消すことができない存在として厳然としてあるのです。逃げれば消えるなんてそんな簡単な存在ではないのです[★1]」

目に見えない放射能は、自分の上にも生き物たちにも、そして心のなかにも降り注いで、もはや消えることはない。この衝撃はいかばかりか。一方で、そうした境遇に置かれた人が原発事故で、大地のすべての生き物、生命と自身のつながりをあらためて確認したことに、私は驚きを覚えずにいられなかった。

これをつづったのは、福祉ＮＰＯの事務職員で、飯舘村から福島市に避難しても仕事を続けた小林麻里さんだった。

危急にさいして人は得てして物事の本質に近づき、それまで見過ごしてきたことに気づいてはっとする。ただ、それを的確な言葉に表わせる人はそうそういない。小林さんは間違いなくその一人だった。

彼女はこうも記した。

「他のいのちへの慈しみを失った現代文明の行きつく先が、この原発事故だと思うのです。同じことを繰り返さないために必要とされているのは、かつての日本に存在していたであろう、すべてのいのちへの畏敬の念を取り戻すことなのではないでしょうか[★2]」

極限状態のなかで「すべてのいのちへの畏敬」という言葉が発せられたことにも、私は心を揺さぶられずにいられなかった。

チェルノブイリ原発事故と並んで最悪のレベル7と断定された福島第一原発事故を受けて、ドイツはわずか三カ月で原発の全廃を決めた。それはチェルノブイリ原発事故後に原発を買い取って廃炉にした米ニューヨーク州に比肩する英断だった。

二〇二二年までに省エネを進め、すべての原子力を再生可能エネルギーに置き換えるドイツの決断の背景には、技術の進歩で人類は地球規模の生命圏、生態系に対する責任を負うに至ったとみなしたハンス・ヨナスの「生命の哲学」があり、技術的に可能だとしても潜在する危険や環境負荷が過大であれば撤退すべきだとするウルリッヒ・ベックの「リスク社会論」があった。

脱原発を決めたドイツから、日本のジャーナリストとして訪問の機会を与えられ、インタビューや視察を重ねた私は、そういう思想を日本に根づかせ、それをてこに日本社会が持続していけるあり方を論じ、脱原発社会への道筋を提示する必要を痛感した。そうした全体状況を『〈ルポ〉原発はやめられる――ドイツと日本　その倫理と再生可能エネルギーへの道』（寿郎社刊）という一冊の本にまとめて出したのが二〇一三年だった。

*

だが、これだけで社会を転換するのに十分な情報たり得るか――。そのうち、さらなる問題提起、とくに社会思想や精神文化の面で補完財となるべき訴えがもっと要るのではないかと思うようになった。それは日本社会に欠落しているもの、欠いている土台があまりに大きいと感じたからだ。

＊

福島の原発事故は当初、想定外の天災が原因とされた。しかし、事実は違っていた。大地震や大津波の可能性は前々から専門家によって指摘されていた。しかも東京電力は、事故二年半前の二〇〇八年九月一〇日に福島第一原発内で行なった社内会議で「(政府機関の地震・津波予測の)知見を完全に否定することが難しい」として「現状より大きな津波高を評価せざるを得ないと想定され、津波対策は不可避」と記した資料を配布していた。つまり、福島第一原発を襲う津波のリスクを明確に認識していたのだ。認識しながら、対策らしい対策はなにも取っていなかった。[★3]要は自然をなめてかかり、暮らしを営んでいる周辺住民の安全を軽視していたのである。

それはひと言で言えば、「畏れ」の感覚の喪失にほかならない。人間が束になってもかなわない、はるかに上回る力で襲いかかってくる自然の脅威を侮っていただけでない。科学技術に奢り高ぶり、言い換えれば人間を過信していたからこそ事故は起きた。

もうひとつ、愕然《がくぜん》とさせられたのは、事故であれほどおびただしい放射能が大地に降り注ぎ、海にも流れ込んだにもかかわらず、ありとあらゆる生き物を汚染してしまったことに対する危機意識や済まないことをしたという悔悟の気持ちがほとんど表明されずにきていることである。それどころか、事故を起こした当事者の東京電力や無策を放置してきた政府・官僚の誰一人として責任を問われず、責任を取ることもなくほおかむりを続けた[★4]。この大地の一角に自分たちは住まわせてもらっているという意識があれば、間違いなく人間がしたことへの慚愧《ざんき》の念がわき起こるはずだ。これは、自然とのつながりが完全に断たれてしまっていることの現われである。

爆発で壁の鉄骨がむき出しになった福島第一原発４号機
（東京電力提供）

一九八六年四月。もはや収拾は困難とわかりながら、爆発し燃えさかるチェルノブイリ原発の対応に原子力の専門家としてモスクワから派遣され、その後、大量被曝の苦しみに耐えきれずにみずから命を断ったヴァレリー・レガソフは、亡くなる前、自然との共生を心から欲するに至り、こう吐露した。

「私の仕事部屋には二枚のカラー写真が飾ってあります。一つは原子力発電所、そしてもう一枚はコウノトリです。二枚は生命や自然、そしてテクノロジーの互いの近さを思い起こさせるために、人の命の脆《もろ》さを知らしめるために、命を存続させる必要性を知らしめるために隣り合わせに吊しているのです。

私は、これらの写真を思い出します。原発事故の収拾を図るためにチェルノブイリで働いていたときのことです。将来、この現代技術の地球上に暮らしていて、自分たちが安全と感じることができるだろうか。自然との共生は可能だろうか。可能だとしたら、そのために何がなされるべきだろうか……」[★5]

福島の原発事故でも、日本の環境大臣ぐらいは取り返しのつかない環境汚染に対し、なんらかの見識を示すのかと私は思った。ところが、事故後、環境省は放射性物質を取り除く除染に徹することだけが自分たちの責務のように振る舞い、汚染の元凶である東京電力に対してなんら警告を発したり、国民に事態の深刻さを訴えることをしなかった。しかも時間の経過とともに、森や原野も含めた地域全体の除染が不可能なことがはっきりしてきた。

*

「自然への畏れ」なきままに事故を起こし、「この地上のさまざまな命とつながっている」という感覚を失っていることを露呈しただけに収まらない。原発から排出される核のごみの処分も、原発を廃炉にしたあとの処理も決まっておらず、すべてが先送りされていることもまた事故後にクローズアップされた。[★6] 未来世代にツケを回し、自分たちが生きているあいだだけめいっぱい恩恵に浴するという発想はまったく持続性を欠いていると言わざるを得ない。そこに気づいていないはずがないのに、事故の検証も反省もないままに政府は原発の再稼働や海外への売り込みに躍起となり始めた。あれだけの事故を起こしてなお、経済成長や効率を優先する態度は厚顔無恥と批判されても反論できないだろう。

脱原発のためだけでない。私たちがこの地球の自然環境とともに未来へと持続していくためにも、東日本大震災と福島第一原発事故が起きた「3・11後」に築くべきエコロジー社会への道筋を示さなければ、この国、この地球の未来は危ういのではないか。そう思ったのは私だけではなかったろう。

示されるべき道筋は、日本社会が欠いているものの裏返しである。奢りを排し、自然や科学技術に対する畏れを取り戻すこと。この大地にともに暮らす多種多様な生き物、命とのつながりを意識しながら生きること。そして未来世代のことを考え、持続性を大事にすること。大きくその三つに集約される。

では、その手本となるべき生き方や考え方がどこかにあるだろうか。

自分が北海道で生まれ育ち、先住の人々と接してその自然観に触れてきたことは少なからずあるだろう。考えをめぐらすうち、この日本国内でそれを教えてくれるのは、アイヌ民族であり、その世界観や精神文化なのではないかと思うに至った。

アイヌ民族は、狩猟採集という自然の恵みをよりどころに北海道やサハリン、千島列島で共生と持続性を重んじる暮らしを営んできた。もちろん交易の民の側面も見逃せないし、栽培をまったくしていなかったわけではないが、シカやクマを獲り、春から夏には野草を摘み、秋にはサケを捕獲して暮らしてきた。ただ、近世以降、苛酷な抑圧と差別、同化政策によって人口を減らし、和人（日本人）の側も多くが無関心を決め込んできたことで、発信力を奪われたと言っていい状態に置かれている。とはいえ、私自身、ここ何年もその文化を知ろうと努め、人々と出会いを重ねてきて、いまもなお日本の先住民族としてエコロジーに通じる大事な精神《こころ》を持ち続けているとためらいなしに言えるようになった。

＊

原発事故後、千葉県木更津市にアイヌ民族の刺繡古布絵作家、宇梶静江さん[★7]を訪ねると、はたしてこんな言葉が返ってきた。

「それが人間ですか。力があればいいっていうものではない。毒をまきちらしてはだめですよ。ところがいま、福島の原発事故で私たちは海も大地も汚している。ひどいことをやってしまった。自然を汚して私たちは生きてはいけない。そのことに気づかなくてはなりません」

尊敬を込めて「フチ（媼）」と呼ばれる年齢に達した宇梶さんは怒っていた。その主張は明快だった。大地への畏敬を失ったところに今回の原発事故があるというのだ。やはり「畏れ」だ。いま真っ先に取り戻すべきは畏れの感覚なのだ。私は自分の見立てが間違ってはいなかったことを確信した。

　これまで、ことあるごとに宇梶さんはいま、こうして生きていられること、そして自分の身のまわりのあらゆる自然に対して、感謝と畏れを忘れてはならないとのメッセージを発してきた。もちろん根底にアイヌ民族の自然観があってのことだ。

「朝な夕なに、私は心の中でこう話しかけています。

『川の神さまありがとう』『海の神さまありがとう』『橋の神さまありがとう』『土の神さまありがとう』『空の神さまありがとう』……。

　これは、アイヌとして生まれた私の、小さいときからの習慣なのです[★8]」

「太陽、月、星、海、山、川、花、動物、虫、鳥……あらゆるものに神が宿っているというのがアイヌの考え。私もちっちゃいときから、花や鳥や虫や星や川たちに話しかけては、心を通わせていたよ。人間だけがこの世の中でエライんじゃない。そのことをアイヌの人たちはよおく知っている。だから、自然界と仲良くできるし、大切にもする[★9]」

　ここで宇梶さんが示しているのは、3・11後、「畏れ」とともに取り戻さなくてはならないもうひとつの大事なもの、「あらゆる命とのつながりを意識する」生き方にほかならない。

　それを宇梶さんは、祖先が継承してきた伝承の大切さに目覚め、「銀の滴《しずく》降る降るまわりに、金の滴降る降るまわりに。」の日本語訳で始まる『アイヌ神謡集』を残して夭折した北海道中央部、登別出身の知里幸恵[★10]から教えられたという。

「そこ〔神謡集〕には『梟《ふくろう》の神の自ら歌った謡（ユカラ）』とか『海の神が自ら歌った謡』なんてのがあってね、生き物や自然の世界から人間たちを見てるのさ。『相手の側に立って考えてみる』ってことをゆったりと自然に教えてくれているんだね[★11]」

「相手の側に立って考えてみる」

一見当たり前のようにみえて、じつはそこにアイヌ民族が長い時間のなかで培ってきた精神文化の本質がある。

『アイヌ神謡集』の主人公が、神（カムイ）と崇められる鳥や動物で、カムイたちがみずからの思い、体験を語るのは、あらゆるところにカムイがいて、そのカムイたちから人間はいつも見られている。だからめったなことをしたり、道から外れることはできない。おれがおれがと自己主張するのではなく、相手があって自分がある、自分が存在できる。世界はそういうふうに成り立っているのだよ――とやんわりと諭しているのである。

神謡のなかには主人公が失敗をやらかして後悔を口にする物語や、いたずら心が自分にはね返ってきて取り返しのつかないことになる話もあって、それも生き物の名を借りながら、人間の側に正しい生き方や教訓を示しているのである。

それは監視とか干渉とかではない。カムイたちが自分たちを護り慈しみながらそばにいてくれているという感覚に近い。それこそが、アイヌ民族の世界観、生命観であり、銀のしずくや金のしずくが神々の恩寵として大地に降り注いでいるという宇宙観なのである。

＊

そうした物の見方は狩猟採集で生きてきたアイヌ民族に特有で、ほかの誰もが共有できるものではないといぶかる向きもあるかもしれない。それは違う。前述の福島県飯舘村の小林麻里さんは、原発事故から三カ月ほどたった二〇一一年六月二五日の日記に次のように記している。

「霧雨の中、必死に田んぼに水を入れる。なかなか相変わらず溜《た》まらない。でも努力し続けている。なぜ、こんなに必死なのだろうか？

私はあの場所の小さな者たちとつながっているからだ。同じいのちだからだ。私はカエルであり蛍《ほたる》であり、サンショウウオでもある。カエルは私であり、蛍もサンショウウオも私である。私のいのちはあの者たちに支えられていて、私はあの者たちのいのちを支えている。私たちは深く、深く、深く結びついていて、この世界にひとつのいのちとして存在している[★12]」

もう一人、挙げておこう。原発事故後の警戒区域に何度も足を運び、政府指示による牛の安楽死や餓死、衰弱死を目の当たりにする一方、家畜としての価値を失った牛を殺さないことの意味を問いつつ、餌をやりに通い続けた牛飼いたちに同行取材を続けた大阪出身のノンフィクション作家、眞並《しんなみ》恭介さんだ。

眞並さんは著書『牛と土――福島、3・11その後。』に次のようにつづった。

「牛の命は土であると言ってもよいほど、土に近く、大地とつながって生きている。なぜなら、牛が排泄した糞はやがて土になり、植物を育て、その植物がまた牛を生み育てるからであり、牛にとっての命は自然の循環のなかにあるのだ。だが、それだけではない。牛の胃が大地と同じような働きをしているのである。いわば牛の体内にもうひとつの大地があるのだ。ルーメンと呼ばれる第一胃は、植物を微生物によって分解する。微生物との共生関係は、土壌と微生物の関係に似ている。牛は土に還り、土はまた牛に還る。牛の外にも内にも大地がある。牛は大地そのものだ[★13]」

小林さんの方は詩にも思いを託した。

どちらにしろ、私もいずれはこの世界を去るのだ
あの場所は、そもそも地球のものであって
私のものではない
私はほんの少しの間、居させてもらっていただけ

私が去った後も、ブナの木は成長を続け

１００年後にはブナの森になっているかもしれない
カエルやトンボやサンショウウオたちは
放射能の影響を受けるかもしれないけれども
彼らはそのことで悩んだりしないから
きっと、あの場所でしたたかに生き抜いて、いのちをつないでくれるだろう

しだれ桜もこぶしの花も
結婚の記念に植えたやまぼうしの花も
毎年咲き
森の花々も咲き続けるだろう

彰夫さんと暮らした家はゆっくり、ゆっくり朽ち果てて
やがて森の一部となるだろう

そのことを嘆き悲しむのは
もう、やめよう
私もいずれあの自然の中へ還ってゆくことができるのだから

第一章　畏れを失った果てに

「アペフチカムイ（火の神）　イレスフチ（育ての媼）……」

福島第一原発事故後、北海道ではアイヌ民族の長老（エカシ）がアイヌ語で原発事故の収束を願う祈りを捧げていた。[★1]

祭司は北海道の内陸部、旭川市の川村シンリツエオリパックアイヌ・エカシ[★2]だった。祈りを日本語に訳せばこうなる。

「この東北国土　天変地異の暗雲が互いに近づき　大自然の踊り　風の舞い　海水の舞い　実に恐ろしい震災　地震　揺り動かされ　津波が襲い　ど突き　乱し　愚かなる悪い者が造った原発を破壊するだろう。汚染するだろう　大自然を、海を。汚染し　地球の老化の姿　老衰の形　その時には悪い神も居るものであります。[★3]

天界を領されます聖なる神がこの国土をお創りなされました。どこの国土で生活して暮らしておりまする人々にも神の恵みを授けなさると共に　分け隔てなく　心乱しております方々へ言葉として差し上げる声なのであります」

どこの国土で生きる人々にも神の恵みを――という表現は、長く虐げられてきたアイヌ民族だからこそ出てくるまなざしなのかもしれない。

川村さんは一方で、原発に対しては厳しい言葉を浴びせた。

祖先が話してきたアイヌ語に「原発」という言葉はない。そこで原発を「悪い火」を意味する「ウェン・アペ」と呼んだのだった。もちろん北海道の各地にいるエカシたちがみな原発事故に向けた祈りを捧げているわけではない。アイヌ民族のカムイノミ（神々への祈り）は祭司の祝詞に続いて、参加するエカシたちがそれぞれの言葉でそれぞれの思いを神々に伝えることになっているからだ。

川村さんの祈りに即して言えば、原発はエネルギー（火）ではあるが、事故を起こしたいま、人類に恩恵をもたらすものではなく、自然を汚染する悪いものだという認識が根底にある。

その発想には、当然のことながらアイヌ民族の世界観が深くかかわっている。

アイヌ民族はカムイノミで、祭司がまず、火の神（アペフチ）に祈り、その祈りをほかの神々にも伝えてくださいと頼む。最も親しく、最も大事な存在が「火の神」なのである。原発事故に反省を促すだけでなく、神聖な「火」の扱いを誤ったことに対する抗議の気持ちを、川村さんは「悪い火」という言い方に込めたのだ。

＊

そもそもアイヌ民族にとって、火の起源は地上の国土も人間もまだ造られていなかった遠い遠い昔にさかのぼる。

そのころ、天上界の神々の国では重い位の神さまたちが集まって、下界に有能な神々を送って国土を造り、そこに動物や植物などを造って平和な大地にしようと話し合っていた。神々は国造りの神モシㇼカㇻカムイに犬の神レエㇷ゚カムイとワシフクロウの神（シマフクロウ神）を供につけて遣わした。

だが、下界では悪魔や魔神たちがすでに地の底に暗黒の国を造って住み着き、夜の闇が訪れるころに飛び出して来ては造られつつあった国土をたたき壊していく。遣わされた神々は、魔神たちの妨害から国土を守ることに専念した。

国土がだんだんと広くなるにつれて見通しがきかない所が出てきた。そこで神々はフクロウ神が夜の見張りをする高い丘の上にとても丈夫な強い木を造った。この木は地上最初の太い木で、チキサニ（ハルニレの木）と名づけられた。

チキサニはうららかな天気の良い日や月が皎皎《こうこう》と照り輝く夜は女神の姿に変わる。それはうら若く美しい姫神だった。

ある日、天上界で一番気の強い雷神シカンナカムイがチキサニ姫を一目見てその美しさに魅入られ、思い焦がれた末にその上に落ちた。姫は火だるまになり、六昼六夜、燃えさかって、その美しい姿は永遠に地上から消え去った。しかし、大爆発の音とともに火の渦巻きの中から赤ん坊が誕生する。雷神とチキサニ姫のあいだに誕生したのは「人間くさい神さま（半神半人）」を意味するアイヌラックㇽだった。

神々は太陽神の妹イレスサポ姫（育ての姉神）を赤子の養育役にし、チキサニ姫が自身の体を燃やして残した炭火は火種として養育の城のいろりでいつまでも尽きないように守られることになった。

長じたアイヌラックㇽは天上の白鳥神レタッチㇼを娶《めと》ることになったが、時を同じくして封じられてきたはずの暗黒の国の魔神たちが次第に数を増やし、地上の国に出没するようになる。アイヌラックㇽとの結婚のため下界に降りてきた白鳥姫は魔女にさらわれ、アイヌラックㇽは助け出すため暗黒の国に向かう。悪魔たちを剣で切りまくり、魔女と魔王を討ち取ると、父であるシカンナカムイが雷鳴とともに魔神の国を焼き払い、大地に平和な暮らしが蘇った……。[★4]

「火」は母なるチキサニがみずからの体を犠牲にして人間（アイヌ）にもたらしたものなのだ。人間はその命（残り火）をいろりで絶やさない使命を負った。一方で火の神は、いろりで人間たちの暮らしを見守り、神々に人間の祈りを伝える伝令役を果たすことになった。となれば、その起源からして「火」がアイヌ民族にとってどれほど神聖で大事なものかがよくわかる。うっかり絶やしたり、使い方を誤ってはならないのである。そしてそこには相互に与え合い、支え合うという思想が存在していることがわかる。

*

原発を「悪い火」と呼んだカムイノミの冒頭で、川村さんは「アペフチカムイ　イレスフチ」と呼びかけた。地域によっては火の神を「イレスフチ」とも呼ぶ。「イレスカムイ」と呼びかける祭司もいる。「イ」は「それ」、「レス」は「育てる」を意味するから、イレスフチで「それを育てる媼（おばあさん）」という意味になる。

「それ」とはなにか。答えはアイヌラックルを育てるために遣わされた姫が太陽神の妹であり、イレスサポと呼ばれていたことからうかがえる。「それを育てる姉」が育てるのは直接的には人間の祖となるアイヌラックルだが、陽の光が植物をはじめ地上のあらゆる生命を育む源であることを考えれば、「それ（イ）」には「この地上のあらゆる命」という意味が込められているとみるべきだろう。イレスフチ（火の神）の「イ（それ）」にも同様に「あらゆる命」の意味が込められているはずだ。火の神はあらゆる命を育む存在としても崇められているのである。

あらゆる命の源であり、生き物を育むはずの「火」を、人間が自身の発明と運用で誤らせてしまった。それが原発事故である。悪い火をまき散らし、大地も海も汚してしまった。だから、神々に祈ることで、地上に再びあまねく神の恵みを復活させたいというのが、川村さんの祈りだったのである。

*

この地上、人間界に火をもたらしたシカンナカムイ（雷神）を父に、チキサニ（ハルニレ）姫を母に持ち、悪魔や魔女と戦ってこの大地を守ったのがアイヌラックルだった。

だが、伝承にはさらに続きがある。

「平和を蘇らせたあと、人間はだんだんと堕落して、アイヌラックルの神徳を冒瀆《ぼうとく》することが多くなった。そこで彼はついにアイヌの国土を見捨てて、よその国土へと去ってしまった。それ以来、人々はますます悪くなり、災害は果てもなく増してきて、今日の取り返しのつかない苦しいにがい末世となってしまった……[★5]」

アイヌラックルの物語の結末は、原発事故後のいまの日本とどこか二重写しの部分がないだろうか。

「まっとうな世界が蹂躙されてしまったいま、被害者としてではなく、生き物たちの代表として、これ以上破壊すれば私たちはみんな滅び去るしかないということを語る必要に迫られている……」。こう記した福島県飯舘村の小林麻里さんの思いとも不思議なほど重なる。

予言的な空気を含んだこの結末は、太平洋を挟んで北米大陸の先住民族ハイダの神話「ワタリガラスと最初の人々」の最後の部分とも共通する。

「……何かがもう終わりに近づいていた。村は捨て去られ、廃墟となり、人々も少しずつ変わっていった。海はその豊かさを失い、大地は荒れ果てていった。おそらく時が来たのだろう。ワタリガラスがもう一度この世界を作り直す時が……[★6]」

ハイダ族ら北米北西海岸の先住民族はその神話のなかで、人間はそもそも臆病で、怯《おび》えながらハマグリの貝殻の中に潜んで暮らしていたと伝えている。

ワタリガラスの耳に、どこからか消えいるような泣き声が聞こえてきた。
あたりを見わたしてもなにも見つからない。もう一度、よく見回すと、なんとその声は自分が立っている足もとから聞こえているのだった。それは半分砂に埋まった巨大なハマグリで、顔を近づけてよく見ると、その貝の中はワタリガラスの影に怯えている小さな生き物たちでいっぱいだった。
怯えきった小さな生き物たちは貝の中から出てくる気配がなかった。ワタリガラスは貝の割れ目に顔を近づけ、甘い声でだまし、なだめすかしながら、新しい外の世界でいっしょに遊ぼ

うと呼びかけた。小さな生き物はその声に誘われるように少しずつ貝の中から姿を現わした。[★7]

それが人間が地上に姿を現わした最初であり、人間がいかに、か弱い存在だったかがよくわかる。

それでも、ワタリガラスは弱々しそうに見える人間の「これから」に、一抹の危うさを感じ取らないではいなかった。

人間が生まれてくるのを見届け、食べ物を作り出し、与えたあとにワタリガラスは意外なことを思いついた。人間が恐れをもつなにかを造らねば、この地上にこしらえたすべてのものをいつか滅ぼしてしまうに違いない。

ワタリガラスは一頭のクマを形づくり、そこに息を吹き込んだ……。[★8]

物語からは次のような認識が読み取れる。

人間はいつか奢り高ぶり、それが地球全体の滅びの道を誘引しかねないこと。それを食い止めるために地上の始祖であるワタリガラスは、人間が畏れかしこむべきもの、人間の暴走を防ぐための存在が要ると思い至ったこと。そしてそのために創世神はクマを造り、この世に送り出した――ということである。

ワタリガラスの神話を生み出した民は、人間は放っておけば己《おのれ》ばかりでなく、この地上の生きとし生けるものすべてを滅ぼす力を持ち得ることにはるかな昔から気づいていたのだ。そして「恐ろしいものがいる」「自分を拒む者がいる」ことにこそ感謝しないといけないと悟り、「畏れ」の価値を神話のかたちにして伝えてきたのである。

やはり——と言うべきだろう。こわごわ大地に第一歩を踏み出したはずの人間たちは次第に技術や文明を発達させ、ほかのどの生き物も凌駕《りょうが》するほどの力を備えるに至った。はたせるかな、人間は「畏れ」を失って奢り高ぶるようになり、果ては都市を丸ごと吹き飛ばせる核兵器や、大事故を起こせば周辺を人の住めない土地にしてしまう原発まで造り出した。原発事故を米国（スリーマイル島原発）で起こし、旧ソ連でも起こし、それにもかかわらず、この日本でも懲りずに起こしてしまったことに、誰が申し開きできるだろうか。

核実験や原爆の投下、原発事故だけでない。人間は環境を大規模に改変し、森の木を伐り尽くし、地球温暖化の元凶となる温室効果ガスをとめどもなく排出してきた。そこに、長くこの大地の隅に住まわせてもらう、資源をいただいて大事に使わせてもらうという謙虚さはない。

*

アイヌ民族にも「奢り」に警鐘を鳴らす伝承がある。

そのひとつが「生意気なシャチの悪童たちを懲らしめたシマフクロウ神の物語」である。生意気なシャチの悪童たちが自分を軽んじる態度を示したことに腹を立てたシマフクロウ神は、海を干上がらせて海の魚もろともシャチの大半を死滅させてしまう。[★9] シャチとて「沖にいる神（レプンカムイ）」と尊敬され、畏れられている存在である。そのシャチ神の重鎮が最後はシマフクロウ神に「シパセカムイ（本当に位の重い神よ！）イシッテッカワイコロパレヤン（私たちをどうか許してください）」と命乞いをし、再び海を水で満たしてもらうのが結末である。

この物語は大事な神を敬う心をもたないシャチの態度を戒めるばかりでない。シマフクロウ神に「自分のように人間の世界を見守るために天界から君臨した神がささいなことに腹を立ててしまった。〔死んだシャチや魚を見て〕私は大いに悲しみ反省した」と言わしめる。力ある者がその使い方を誤らないように、相手を恕《ゆる》す心を失わないようにとの教訓も込めているのだ。力ある者はその力を抑制的に使わなくてはならない。そのことを、神自身の悔悟のかたちで伝えるのがこの物語なのである。

カムイノミの祝詞のなかでエカシたちが「遠慮する、畏れ慎む、礼儀正しくする」を意味する「オリパク」という言葉をよく口にするのも、「畏れること」の大切さを確認しているのである。

きっとこう言わねばならない。私たちは、ワタリガラスの神話を残した人々が物語を編んだ時代から、技術的には大きな飛躍を遂げ、進歩を謳歌してきたが、精神がそこに追いついていないのではないか。むしろ後退さえしたのではないかと。

そうであれば、ワタリガラスの神話、シマフクロウの神話を現代に受け継いできた先住民族の人たちにいまこそ学ばなくてはならないのではないか——。

第二章　狩猟民に動物への優越感はない

前章で、先住民族が受け継いできた神話が、人に「畏れ」を忘れさせないためにクマをこの世に送り出したとしていることをみた。

北米や北海道で最大級の陸獣であるヒグマは、人間にとってたしかに、ひとたび対峙すれば命を賭けなければならないほどの恐るべき相手である。アイヌ民族とて、襲われて命を落とすこともあった。そのときには霊を丁重に神々の世界に送り返す一般的なならわしではなく、蘇らせないための特別な葬り方をすると聞いている。

アイヌ民族は「メトトゥシカムイ（奥山におわす神さま）」「キムンカムイ（山におわす神さま）」、あるいはただ「カムイ（神さま）」などと呼んでヒグマに特別強い畏敬の念をもってきた一方で、狩猟民としてクマを討ち取り、その肉や皮をもって暮らしてもきた。

普通に考えれば、そこにいかんともしがたい葛藤が生じる。折り合いは簡単につけられそうにない。

かつてアイヌ・コタン（集落）では子グマを普通に飼っていた。

私自身も子グマを飼って散歩させたことがある――と言ったら驚かれるかもしれない。北海道中央部、白老町のアイヌ民族博物館で学芸員をしていた時分の話である。アイヌ民族の伝統文化を紹介する博物館として、敷地内には檻があってヒグマの成獣や子グマを飼っていた。子グマといえども、人の心をものすごくよく読み取る。連れ歩く人が少しでも恐怖感をもっていると、赤ちゃんに毛が生えたような子グマでもそれを察して反抗心を見せることがある。

博物館での勤務は、考古学の調査のために米国アラスカの無人のツンドラ地帯と国立公園で二カ月近くテント暮らしをして、何度もグリズリー（ヒグマ）と出くわす体験をしたあとだった。アラスカでの経験で、唐突にさえ遭遇しなければクマにはこちらの心理状態が伝わるし、こちらにも自分の気持ちを伝えてくるものだと感心したほどだったから、実際に子グマと身近に接しても私自身はそう構えたり、恐怖を抱くことはなかった。

*

ただ、クマとの出合いで凍りついたことがその後、一度だけあった。それはアイヌ民族同様、子グマを飼って霊を送る儀式をもつソ連（現ロシア連邦）極東のウリチ民族を訪ねたときのことだった。村にはアイヌ民族の血を引く人が多数暮らしていることがわかり、アイヌ民族でいう「イオマンテ」と同じ飼いグマ儀礼を執り行なうことだけでなく、はるかな距離を超えた血のつながりにも驚かされた。

凍りついた体験は、ウリチの村ブラーヴァであった。飼い主が二歳を超えたぐらいのもう成獣と変わらない大きさのクマを檻から出して私の目の前に追い立ててきたのだ。そのクマとの距離感をまったくつかめていなかった私は面くらった。そして、一瞬ではあるが恐怖を覚えた。クマの方もそれを感じ取ったはずだ。だが、そのクマは穏やかに、そしてゆっくりと私の面前に近づき、私もすぐに平常心を回復した。何事もなく、最後は飼い主に促され、やや嫌がるそぶりを示しながら檻に戻った。

*

クマと人間。山野では決して相容れない二つの生き物がいっしょに暮らしてきたのが、かつてのアイヌ・コタンだった。

アイヌ民族が子グマを飼うのは、最も厳粛で重要なイオマンテの儀式を行なうためである。アイヌ民族のクマ儀礼は、子グマを集落で育てて、神々の世界に再び送り返すところに特徴がある。春先、生まれたばかりの子グマがいる冬ごもり穴で母グマを獲り、子グマの方は生け捕りにしてコタンに連れ帰る。女性は自分の乳を与えたり、食べ物をよく噛んだあと口移しで与えたりして、その子グマを育てる。

二年ほど大切に育て、コタンのありさま、家族のありさまを見てもらったのちに、冬場に周辺のコタンから主だった人たちを招待し、集落を挙げてイオマンテの儀式を行なうのである。肉と毛皮をいただき、クマ神（カムイ）の魂にはそのお礼として酒やさまざまな供物を持たせて神々の世界にお帰りになってもらうというのが大まかな流れである。

アイヌ民族だけでなく、先ほどのウリチやサハリン（樺太）のニヴフなど北海道から樺太、大陸のアムール河周辺の先住民族に飼いグマの霊送り儀礼は知られているが、それ以外の地域では見られない。

子グマにとって、飼われることの意味あいは、コタンの暮らしぶりを目にしつつ歓待を受けるということであり、人間の側は儀式に備える目的のほかに、山野で狩猟の対象として対峙する相手の性格や行動を熟知し、普段からクマの存在に慣れ親しんでおくという意味あいもあるのだろう。

博物館に勤めていた縁で、私は博物館のあるポロト・コタンで行なわれた二回のイオマンテに立ち会えた。

最初の経験は一九八九年の一月だった。野外の大きな祭壇（ポロヌサ）には一三神が祭られ、そのなかには狩猟の神ハシナウウㇰカムイも含まれていた。直訳すれば、「枝の付いたイナウを受け取る神」となる。

イナウ（木幣）とはヤナギなどの木を削ってつくった祭具で、人間の祈りの言葉を神々に伝えたり、それ自体が神々への贈り物となるうえに、ときに人間のそばにいて厄災や病気から守ってくれるありがたい存在である。

狩猟がうまくいったとき、アイヌ民族は祈りとともに枝の付いたイナウをその場に捧げたあとで、毛皮や肉を山から里へと下ろす。イナウや供物とともに祈りを捧げることで、狩猟の神の元には、人間界から贈りものとしてお酒や食べ物が日々届く。この供物によって狩猟の神は他の神々を招いては日々、酒宴を催していると考えられている。

アイヌ民族にとって最大の儀式であるイオマンテに狩猟の神へのイナウも用意されているということは、日ごろ、獲物を授けてくれることへの一年を通しての、あるいは生涯を通しての感謝の念の表明でもあるのだ。

つまり、神々が人間にさまざまな恵みをもたらしてくれるのに対し、人間の側も誠意を尽くして返礼を欠かさないという関係が恒常的に成り立っているのである。贈与と返礼の連環によって、人間と神の関係は一方通行ではなく、互恵の関係になる。

だから一九八九年のイオマンテは、前夜祭での日川善次郎エカシ[★1]の次のようなカムイノミで始まった。後段はアイヌ語を日本語に訳してある。

「イレス　カムイ、ウ　パセ　カムイ、アペ　フチ　エカシ（育ての神よ、重い神よ、火の媼神、翁神よ）……

昨日から申し述べてきましたが、これから明日まで行なう祈りを聞いてくださり、無事に終わるよう、私たちを見守ってください。いまや若い者たちだけになってしまっただけに、彼らは何の祈りがそこで終わったともあなたにいわないでしょうが、心の中では神のことを考えております。神は力のあるお方ゆえ、私が申し上げずともすべておわかりでしょう。

明日は育てたクマを神の国にお返しします。新しい神となって行かれるゆえ、ようくお眠りになって無事に神の国に着けるよう今夜から申し上げるのです。何事もなく無事にことが終えられるよう、他の神々にも相談されてしっかりと見守ってくださるように私は申し上げるのです……[★2]」

最後はクマを殺して肉をともにいただくという、外から見ると残酷さがないとは言えないこの儀式を当のアイヌ民族自身はどう感じているのか。本当に魂を送り返すという肯定的な意味あいで捉えているのだろうか。

答えが「然《しか》り」であることを教えてくれたのは、旭川の杉村京子フチ[★3]だった。アイヌ文化伝承者として知られた杉村キナラブック[★4]の娘に生まれついた京子さんは、生け捕りにした子グマを飼う役割を何度も任されてきた。

一九七四年春にも、春グマ猟で仕留めたクマに子グマが二頭いるから、どちらでも譲ると言われた。フチは健常な方ではなく、けんかかなにかでちぎれたのか耳が片方しかない子グマの方を選んだ。そしてアイヌ語で耳を意味する「キサラ」と名づけて、食べ物を口移しで与え、わが子のように育てた。

三年近く経った一九七七年の二月、イオマンテの日が来た。

火の神への祈りのあと、キサㇻに団子が与えられ、女性たちが周りを踊り始めた。

子グマには縄がかけられ、参列する人々の前を引き回される。

「クコㇿポンエペㇾ　タパンアイク　カムイモシㇼタ　ピㇼカイコㇿネ　エリキンクニツ　ネワクス　ラッチタㇻ　ウㇰワエンコレ（わが子グマよ。この花矢こそは、神の国に美しき宝物となって昇って行くことになっているものですから、おとなしく受け取ってください）」★5

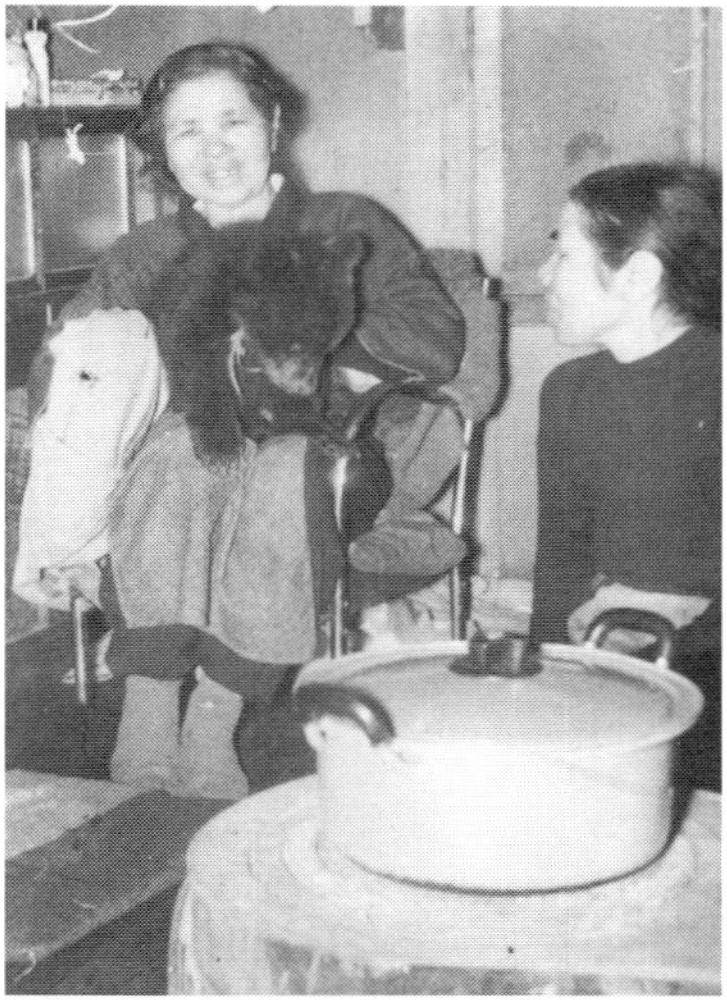
子グマを抱く杉村キナラブックさん
（杉村京子さん提供）

エカシの祈る声が雪の降り積もった寒空に響いた。

贈り物である白黒模様の美しい花矢がつぎつぎ放たれては子グマに当たり、雪の上にぱらぱらと落ちた。仕留めの矢を放ったのは石山長次郎エカシだった。

ビン！　エカシの放った矢はまっすぐ心臓に突き刺さった。京子さんに尻を見せて、反対方向に顔を向けていたキサㇻ

は、なぜかくるりと京子さんの方に向き直って、手を伸ばすとそのまま頭を垂れて動かなくなった[★6]。

静かな最期だった。

十勝の本別町から招かれていた沢井トメノフチが声を上げた。

「ほら、育ててくれた母さん、ありがとうって、頭下げて行ったよ。りっぱなカムイだったな」

「ああ、よかった。受け取ってくれた」

キサラの足の裏をさすりながら、京子さんにはそんなうれしさがこみ上げた。涙がぼろぼろ出て、ほおをつたった。

このとき、京子さんはいままでアイヌのあいだで言われていたこと、母キナラブックや長老から聞いていたことは本当だったんだな、と確信したという。

のちに、旭川の自宅で私に語った話はこうだった。

「いままで何頭もの子グマを飼ったけど、気性の荒いクマは一頭だっていなかった。でも、キサラは特別おとなしくて性格のいいクマだった。私は『狩りやイオマンテで矢が急所に当たるということは、その相手が矢を受け取ってくれた証拠だ。動物は誰の矢でも受け取ってくれるわけではない。矢を受け取るに値する人間にだけ〔心を許し〕、しっかりと受け取るのだ』と聞いてきた。キサラが私が育てたクマの最後のイオマンテになったけど、アイヌ民族の持ってき

た世界は本当にあるという気持ちがこの時、強くなった……」★7

大事なのは、京子さんがアイヌ民族の精神世界の実在性をそこで実感したことである。クマは脅威である。恐ろしい存在である。しかし、神として崇め、歓待しつついっしょに暮らし、暮らしぶりを見てもらったうえでお土産を持たせて神々の国に帰ってもらう存在でもある。このことによって、葛藤は解消され、畏れを抱きつつ、親しみ、かつ喜ばせるということを同時に行なってきたのである。

冬のさなか、旭川で行なわれたイオマンテ
（杉村京子さん提供）

これは、畏れかしこむ気持ちをうまく持続させていく循環の思想とも呼べるだろう。

討ち取るところに、人間の側の奢りや優越感など微塵もない。そこが圧倒的な銃器の威力をもって大物を仕留めることを競うゲームハンティングと根本的に違う点だ。また、家畜や農作物が被害に遭うことで、クマに「害獣」というレッテルを貼る牧畜民や農耕民とも異なる発想が根底にある。

*

クマと人間の関係の源流はどこにあるのか。

『アイヌ神謡集』を著した知里幸恵の弟で言語学者の知里真志保[★8]は、神謡（カムイ・ユカラ）の「ユカラ」という言葉の語源をひもときながら、次のように説明を加えた。

「ユカル（金田一博士のいわゆるユーカラ）には『真似る』という意味があるのであって、現にいくらでもその実例にぶつかるのである。そしてその語源にさかのぼれば、『ユク・カル』yuk-kar（「獲物を・つくる」「獲物を・なす」）ということだったと思われる。

それが熊祭り[★9]ならば、屋内の祭壇にあるクマの毛皮を頭からかぶる、すると司祭者はたちまちクマになる。そして、冬ごもりの穴から出て来たクマが人間の狩人に出会い、その手に討ち取られるまでが参加者の目の前で予行演習のように進行するのである……」

イオマンテは、出猟の時期を前にして、幸あれと猟運を祈るための盛大な祭りだったのではないかと知里真志保はみた。巫者が獲物たる動物（カムイ）に扮して人間に捕獲されるさまを演じていたと考えたのである。

真志保は、狩りは人間が主役なのではなく、カムイの側が相手の人格を見極めて討ち取られるとの発想を基本にもっていた。だから、こうも記している。

「神が天国なる自分の家を出て肉を手みやげに人間の里を訪れ、気に入った者を見付けてその者の許へ『客となる』（marapto ne）という風に所作で表すと同時に、その所作の一つ一つを言葉に表して歌う。その歌が後に神謡にまで発達したのであって、それが山の神の自叙の神謡となって現在各地に伝承されているのである★10」

知里真志保の考えでは、イオマンテは春の穴グマ猟などさまざまな狩りに向けて、豊猟を祈念する祭りであり、神謡の起源もここに見て取れるというのである。

＊

いにしえの時代、儀式の場だけでなく、日常でもクマは人になれたし、人もクマになれた。人とクマが男女のように愛し合い、結婚することもあった。そういう時代があったことをアイヌ民族の伝承は伝えている。

そのひとつが「人を見そめて下界に落ちたメスグマを改心させたサッポロの人の物語」である。

ある日、サッポロ川を下っていく途中で私（男性）は家を見つけた。家の中から一人の老婦人が出て来て、中に通されると主人が横になって手を差しのべることもできないほど衰弱している。夕食をともにすると、主人は自分が起き上がれない体になったいきさつを語り始めた。

「いつものように山猟へ出かけたところ、みごとに光る毛並みのメスのヒグマが突然現われたと思ったら、一気に跳びかかって来て私をめちゃくちゃに傷つけた。身動きできなくなった私を仰向けにするや、私の身体に覆いかぶさり、私をじっと見つめていた。体はクマの重みと傷で動かないものの、幸い手が動いたので辺りを探ると大きめの小刀に触れたから、密かに引き抜くと力を振り絞って斬りつけた。クマが大きな口を開けたのをいいことにやつの舌をわしづかみにして根元から切り取った。やつはひどく暴れまわり、私は二度と動くこともできないほどに打ちのめされた。舌を切られたやつも傍らに倒れて死んだ。

それから丸一日、山で過ごした。そこは家からわりと近いところであったから、妻や母が私を捜し当ててくれ、家へ帰ることができた。私はクマの突然の加害に激怒したものの、位の重い、しかもその毛並みからなかなかの神さまと見て取って首を斬り、胴体の解体を指示して家へ運び入れた。

妻は私の傷の手当てをし、私も元のように快復できるように、命が助かるように、声が出ないので心のなかで祈った。元気になったら礼拝してヒグマの頭を送れるように、枕元の近くに懇《ねんご》ろに安置した。

こういうことになったのは、私を恨んでいる者の思いかとも考えた。妻が炊事をし、私が食事をしようとすると、激痛が体を駆け巡り、まるで樺の樹皮に火がついて激しくうごめくようで、とても食事どころではない。妻が私に手を貸しても、妻といっしょにいるだけでも傷は激しくうずくのであった。それで妻は屋外で雑用をし、母親が炊事や私の世話をするようになった。娘が生まれてからも変わりがなく、妻をなるべく近づけない毎日である。
あの一件以来、私は他人を見ることも訪れる人もないままであったが、突然、あなたが私を訪ねてくれたうえに、泊まってくださるとは実にかたじけない」

主人の話に無性に腹が立った私は、翌朝、まだ暗いうちから起きあがって枕元のメスグマの頭を見た。すっかり乾燥して、その古さは年月をしのばせる。私は位の重い神さま、立派な父母を神としてもつ者であるはずなのに、神は見知らぬふりをするのか、と抗議の文句を投げかけ、強く訴えた。

その翌日の夢に、ヒグマの長《おさ》と思われる神さまがヒグマの衣装である黒い小袖を着て現われた。そして、次のように話した。
「サッポロの川上に住まう若者よ。りっぱな人よ。お前の言葉を神々が耳にして一切の事情が明白になった。

わしのろくでなしの娘が、この家の主人に惚れ込んで、挙げ句の果てに命を奪って自分の夫にしようとしたが、うまくはいかなかった。そこで、傷が治るまで看病させてほしいと願い出たので許したままになっていたし、その通りのことと思っていたが、それは他《ほか》の誰でもない娘のはかりごとであった。添い遂げられないのなら、一生好きな人のそばにいられるようにと考えたのであった。主人の妻が炊事をし、食事をさせようとすると娘は嫉妬して主人に痛みを与え、主人の具合を悪くしている。

お前の訴えで、火の女神をはじめ、諸々《もろもろ》の神々もわしに抗議をしてきた。老いた母や婦女子にまでつらく苦しい思いをさせたのは、それが神だとしても人間だとしてもまったく恥ずべき行為である。わが娘をじめじめと湿った世界〔地獄〕に突き落とすことは簡単なことだが、あの男への想いを断ち切り、命を救うことは難しく、娘の想いを変えることはこのわしにも不可能で、娘以外に傷も癒せない。

わしを責める神はいても、わしに同情する神は誰もいない。どうか娘に言い含めてくださらんか。家の主人には正妻がいるのだから、わしからも妻が食事を作っても決して主人の具合を悪くしないよう、娘に言い含める。娘を人に変えて主人の元に遣わし、水くみであっても飯炊きであっても召使いであってもいいから、人間界で主人といっしょにいるようにと説得するから、お前からも説得してもらいたい」

夜が明けると、私は持ち合わせていた供物で神への祈りを行なった。そして、メスグマの頭をきれいに飾りつけたうえで、神としてのあるべき道を説いた。

「いつまでもいつまでもあなたが妻に嫉妬するので、主人は難儀しながら暮らしている。しかし、これからは主人の命をとりとめ、主人を見守って、水くみ女として、飯炊き女として下働きをしながら、自分の祖先や身内親戚とも付き合うように」

次の夜、今度は美しい娘が夢に現われ、私にこう告げた。

「私は位の重い神の娘であるのに、至らないところがあって家のご主人に迷惑を掛けました。あなたに諭された通り、私はご主人を見守っていきます。妻が作った食事をご主人が食べようとすると腹を立てていた私ですが、あなたが言ってくださった言葉を肝に銘じています。私がしたことはとても悪いことで、ご主人の体を蘇らせることは無理ですが、なんとかご主人が歩くことができ、起きあがることができ、食事ができるように私は見守っていきます。いまは嫉妬心を覚えることもなくなりました。〔クマの〕親戚一同からもきつくとがめられたので、あの家で飯炊き女として、水くみ女として暮らすようにと私の父親も母親も言いますから、そのようにさせてもらいました。あなたに感謝します」

不思議なことに家の主人は目に見えて快復し、痛みも薄らいだ。妻も家に入り、安堵した私は自分の村へと戻ってきた。

それから幾年か経ち、立ち寄ってみると、家の主人は自分のことは一人でできるようになったと言ってたいそう感謝し、妻も母親も涙を流した。人に変身したメスグマもかいがいしく働いていた。すっかり安心して私は自分の村へと丸木舟を引いて帰った。★11

物語は、クマが人に恋することがあることだけではない。夫婦になるために魂を奪おうとしたが、それは許されることではなく、神からの罰として自分が命を取られることになったそのいきさつは、クマと人間は霊の世界でならいっしょになることができるが、筋の通らない強引なやり方をしては神々が同意してくれないことも示している。

その愛情たるや、相手を傷つけ、苦しませずにはおかないほどの狂おしいものがある。看病したいといいながら、逆に容体を悪化させているのは倒錯的とも言えるほどである。父グマはサッポロ人《びと》の協力を得て改心させるが、娘の想いをむげにもできず、最後は男（主人）のそばに置いて下働きさせながらいっしょに暮らさせるのである。

雌グマは人間界に下りて人の姿で奉仕することで、恋慕の情が高ぶるあまり犯してしまった罪の償いをすることになる。クマの王であるその父親もまた、人間に対し、すまないという気持ちを持ち続ける。一方、人間の側（サッポロの人）は主人に代わって雌グマに復讐するのではなく、あくまで敬い、神としての振る舞いをすべきことを諭し、悟らせることで一度は不正常になったクマ（神）と人間のあいだを取り持つ。

この物語の解釈はいくつか成り立つだろう。

山に猟に入ってクマに殺されたり、けがをさせられた同胞への悲しみを家族やコタンの人々が断ち切り、自身を納得させる物語という読み方がまずできる。ただ、大きな枠組みで捉えれば、人間とクマのあいだの調停であり、和解であり、関係の修復を物語というかたちで示していると読める。

クマが同じ大地に暮らしていることで、人との複雑な関係が生まれる。アイヌ民族はヒグマをあくまで畏れ敬う対象とし、その位置づけを保ち続けられるよう、物語においても精妙なバランスを付しているのである。

＊

先に、自然への畏れを失ったところから起きたのが原発事故だったとみてきた。一方で、先住民族はいつか人間が奢り高ぶることを見越して、そこに警鐘を鳴らす神話を作り、ヒグマをその抑止役として崇め畏れてきたことも知った。

現代生活をするほとんどの人にとって、直接クマと対峙することはありえないと言っていい想定だろう。では、狩猟民の精神に近づくこと、畏れの気持ちをもつことは、できない相談なのだろうか。

想像をたくましくすれば、この瞬間、この同じ時間にどこかの原野や山林でクマが息づいていることを頭に思い浮かべることはできる。アラスカに長く暮らし、グリズリーをはじめとしてさまざまな野生動物の姿を写真に収めてきた星野道夫さんはこう書いている。

「〔少年時代の〕ぼくは北海道の自然に強く魅かれていった。その当時、北海道は自分にとって遠い土地だった。多くの本を読みながら、いつしかひとつのことがどうしようもなく気にかかり始めていた。それはヒグマのことだった。大都会の東京で電車に揺られている時、雑踏の中で人込みにもまれている時、ふっと北海道のヒグマが頭をかすめるのである。ぼくが東京で暮らしている同じ瞬間に、同じ日本でヒグマが日々を生き、呼吸をしている……確実にこの今、どこかの山で、一頭のヒグマが倒木を乗り越えながら力強く進んでいる……そのことがどうにも不思議でならなかった。あの頃はその思いを言葉に変えることは出来なかったが、それはおそらく、すべてのものに平等に同じ時間が流れている不思議さだったのだろう」★12

誰しも心に想像の力をもっている。イマジネーションを鋭く、たくましくすれば、自分が原野に息づくヒグマと同じ時間、同じ空間を生きていることに気づくはずだ。目の前にはいないけれども、畏れるべき相手は同じ空気を吸いながら、この地平のどこかで躍動している。飼い馴らされることなく厳然と存在しているのだ。

第三章　命のつながりを意識する

いまなお野生のヒグマの習性はあまりよくわかっていない。謎の多い動物とされている。最近は生け捕りにしたクマを眠らせ、発信器を付けて再び野に放ち、行動範囲を特定する試みも行なわれている。それだって、どこにいるかはわかっても、そこでなにをしているのかはそう摑めない。

だが、アイヌ民族の古老は、ヒグマがいつ、なにを食べ、どのような暮らしをしているかを不思議なほど、よく知っていた。

三月、冬眠から目覚めて冬ごもりの穴から出てきたヒグマは、まだ雪深い中、子グマを連れて湧き水の出ているところに出向く。湧水は水温が安定しているので水藻がよく育つ。湧水を飲み、胃に優しい水藻をたっぷり食べて体力をつけるのだ。★1

そのうち、ところどころ、地面が現われ、草が芽吹き始めると、そこに子グマを連れて行っては食べさせ、どこにどのような食べ物があるかを生まれたての子どもにひとつひとつ教えていく。

そうした親子関係はなんだか人間そっくりだ。

フキの茎を食べるときはまず根元から噛み切って、茎に前歯を当てて外皮を剥いたあと、中身だけを食べる。決して皮がついたままでは食べない。アマニュウは三〇センチぐらいに育つまでは口にし、やはり外皮を下げて剥ぎ、中茎だけを食べる。

皮を剥いたうえで、おいしい部分だけを食べる——。人間の特権とばかり思っていたおいしさや食感の追求を、ヒグマも普段からしているのである。しかも、まるで人間かとまごうばかりの器用さで皮まで剥いているのである。

秋にはドングリをたくさん食べる。

冬眠を目前にして、雪が積もってしまったらどうするか。そんなことは往々にしてある。そんな状況でもクマはドングリを探し続ける。

ナラやカシワの木が生えた斜面を横切るように這いながら、両手の爪で雪のおおかたを下に落とし、もう一度、爪を使って草を櫛で梳《す》くようにする。と、落ち葉といっしょに草のあいだに落ちて埋もれていたドングリが、爪で起こされて雪の上にこぼれ落ちる。それを拾って食べ、ナラの木立が途切れたら、今度は逆向きに姿勢を変えて上の段をまた横断してドングリを食べていく。つづら折りに何度も何度も左右に往復しながら冬眠に備えておなかをたっぷり満たす

のである。★2

これは北海道東部、白糠町でクマ撃ちをしていた根本与三郎エカシ★3の談である。クマが春にはどこにいて、秋にはどこでなにをしているか。どんなものをどうやって食べているのか。根本さんはまるで目の前で見てきたように伝える。いや、その表現は間違っている。根本さんは実際にクマの行動を目の前でつぶさに観察しているのだ。

クマ撃ちというと、クマの足跡を追い、あるいは穴で冬眠しているクマを探し出して仕留めるイメージがある。逃げるクマと追う人間。追われるクマと追うハンターという切迫し、緊張した関係が想像される。

ヒグマの行動を知り尽くしていた根本与三郎さん

ところが、根本さんの話からはまったく異なるクマ撃ち像が浮かび上がる。

おそらく根本さんだけではない。アイヌ民族の男性は、年がら年中クマのそばにいて、じっとクマの行動を見つめてきたのだ。そうだとすれば、いつでも好きなときに獲れるはずだ。なのに獲らない。それはなぜなのか。

もうひとつ、大きな疑問が浮かぶ。クマの側は当然、人間がそばにいることを察知しているはずだ。なのに人間が傍らで自分を観察しているのを許しているのである。

そこにいるのは自分を撃ち殺す「殺し屋」かもしれない、いや、殺す側であることは間違いないのだ。なのに人間がすぐそばにいるのに、警戒心も見せずにひたすら普段通りの行動をしているようなのである。

このことはアイヌ＝狩猟民に対する見方を一八〇度変えずにおかない。狩猟民はヒグマといっしょに行動し、互いの信頼関係を築きつつ、しかるべきときが来るまで殺意も抱かなければ、生活に介入もしない。そして、ときを経て、そのときが来れば矢であり、弾でありを受け取ってもらうことを願って弓を引き、銃の引き金を引くのだ。

言い換えれば、本当に必要なときに、必要なクマだけを獲ることをみずからに課し、狩猟民としての戒律を守っているのである。

＊

イオマンテは集落で飼ったうえでクマの霊を神々の世界に送り返す儀式であった。

一方、山中でクマを射止めると、アイヌ民族の男性はその霊を送る儀式をそのまま山中で行なってきた。それは「ホプニレ」と呼ばれ、「起きあがらせる」を意味する。

根本さんによると、重厚な拝礼を行なったあと、カムイノミを行なう。小袋に入れて持参してきた供物を袋から取り出して、火にくべながら、アペフチカムイ（火の神）を通じてヒグマの神に「よく自分たちに授かってくれた。これから里に下げてから、大勢の村人といっしょになって必ず盛大に天国（神の国）に送るから、いましばらくは待っていてください」などと祈るという。

根本さんはこうも言った。

「クマを食べたあとは、けっして肋骨を持ち去ることは許されない。それは再生するヒグマが『自分の体の一部が足りない』と言って取り戻しに来ることがあるだけでなく、ヒグマからひどい仕打ちを受けないようにするためである」と。

ヒグマ猟の仮小屋と獲ったクマへの祈りの場を兼ねていた漁川沿いのシラッチセ

キサㇻの霊をイオマンテで神々の国に送り返した旭川の杉村京子フチ同様、根本さんもクマの霊の再生とカムイの再来を信じていたことがわかる。

*

ホプニレで送ったクマの頭骨を祀っている場所はたとえば、北海道中央部、恵庭《えにわ》市の漁川《いざり》上流などに点々と残されている。

シラッチセ（岩屋）と呼ばれ、そそり立つ岩がやや手前に傾いて屋根のように覆い被さっている特異な地形を利用して、猟の仮小屋を兼ねて祈りのための場所が設けられている。

私が訪ねた「本流のシラッチセ」には、宿泊に困らないように炊事道具が置かれた傍らにカムイノミをするヌサ（祭壇）があった。祈りを神々に伝え、神さまへの贈り物にもなるイナウに囲まれるように、過去に獲られたヒグマの頭骨がいまも置かれている。[★4]

恵庭は千歳市の隣まちで、根本さんと並んで、アイヌ民族の最後のクマ撃ちとされた姉崎等エカシ[★5]の猟場に隣接していた。

一九二三年に北海道中央部の鵡川村（現むかわ町）に生まれ、千歳で育った姉崎さんは山の歩き方をクマに教わったと言う。それがまず驚きだ。

どんなに険しい山も、クマの歩くとおりたどって行くと越えられるという。

人間は高いところまで登って、そこから次の山に移ることを考える。だが、クマはある程度のところまで登ったら、その時点で次の山に移ることを考え、ルートを選択する。そうしたクマの発想が、あとをついて歩くことでわかったという。

姉崎さんはクマがいかに安全で合理的なルートを見つけながら歩いているかを足跡をたどることで悟ったのである。

ひとつ、クマにあって人間にないものがある。それは鋭い爪だ。登山家が難所で使うピッケルなどがないと行けないようなところを、クマは爪で体を支えながらぐんぐん登っていく。姉崎さんとて、そこでめげるわけにはいかない。爪もピッケルも持たないハンデを気合いでしのぎながら、目もくらむような崖を登り、クマの「山歩き法」を身につけた。

「結局、知らず知らずのうちにクマが私に山のすべてを教えてくれたので、クマを師匠と考えるようになった」と姉崎さんは言う。それは誇張でもなんでもない。

じきにトドマツの枝葉などで仮小屋（クチャ）をつくる技術を覚えると、そこを寝泊まりの拠点に自在に山を歩き回れるようになった。

山のどこにでも泊まれるという自信がつくと、持って歩くものは銃などの猟具と塩ぐらいで、エゾライチョウなどを山で獲りながら食いつないで何日でもいられるようになる。

「いくら暗くても平気で、歩けるあいだ歩いて、そして寝るところをつくって山のどこででも寝た。だから山を覚えたら、私自身は野生の動物となんにも変わりがなくなったんですよ」

狩猟採集民の第一の極意はきっとここにある。自身も野生動物になるということである。その姉崎さんも、クマを撃ちに行くときにはクマを招待するというアイヌ民族の伝統に根ざした心持ちがどこかにあった。ただ倒せばよいというのではなく、心の深いところでは昔の人がもっていたような気持ちがあったと次のように証言している。

「ただクマを獲ったという喜びではない。帰ってからコタンの人がクマの肉をわずか一切れもらうときでもアイヌの習慣のオンカミ（礼拝）して、もらって食べる。何回もオンカミする。……ハンターは銃を向けてものの命を取ってきて自分たちの生活を潤しているんだから、感謝の気持ちは持たなければならない。クマを招待するにしても人間と同じで、うわべだけの招待だったらクマも嬉しくはないですよ。心のよい人の家に招待されたいという話があるのは、人間の心を正しく運べよ、とアイヌは考えたからだと思います」

ある日、こんなことがあった。その日、姉崎さんはクマがよく出る湿地帯の川のそばでクマを待ち受けようと考えた。

「クマが水を飲みにしょっちゅう行き来するケモノ道があるんです。私もそのケモノ道を歩いたので音はしないけど、さらに音がしないように忍び足で静かに様子を見に行ったんです。

そうしたら風倒木の陰に、めったにそういうところに寝るものでないけど、クマが寝ていたんです。クマは人がめったに入ってくる所ではないと安心していたんだと思う。そこへ私が忍び足でキョロキョロしながら行ったら、その音がクマの耳に入ったんだと思う。フウォーッと。その接近に気がついたときのクマの驚きの声ったら凄《すご》かったですよ。こっちは横になっている木の陰にクマがいたから全然見えなかったけど、フウォーッというすごい声でびっくりしました。クマの方はあんまり近くに人が来ていたことに驚いたんです。そういうときに人を襲う危険性があるんです。

クマは最初から人を襲う動物ではないと私は思っているんです。向こうの方が逆に襲われたという錯覚をするんですよ。そしてフウォーッて言って、私の方に向きを変えて風倒木の上に立ち上がるようにして、ファゥ、ファゥ、ファゥと凄い剣幕で怒った。その瞬間にクマにも言葉があるんだなあって私は思いました。クマの立ち上がった懐から子グマが山に向かって丸くなって走って行ったんですよ。『危険だ、逃げて行け』っていう親の言葉だったんだと思うんですよ。普通なら危険だから離れるなって言うのが常識だからね。その年に生まれた子だから小さかったんですけど丸くなって逃げて行ったんですよ。

雪に覆われた山に猟に入る姉崎等さん（渡部さゆりさん提供）

　その母グマは私とごく近い距離のところで怒って私の方を向いている。でも私は銃を構えていても撃たないんですよ。相手の心を鎮めなきゃならないから。相手が怒っているうちに撃って、その勢いで来られたら危険だから。だからじっと我慢して見ながら相手の怒りの鎮まるのを待ってやろうと思った。私はまったく動かない。すると、ハゥ、ハゥ、ハゥと今度クマの息の吐き方が和らいでくるんですよ。それで、ああ気が鎮まったなと。相手の心を鎮めてからもう大丈夫だなと思ってから一発ドンと撃ったんですよ。

　近距離で撃っているし鉄砲には自信がある方ですか

ら、絶対にゴロンと倒れるつもりで撃ったんですよ。だけど、これが子連れの恐ろしさっていうんですね、倒れないんですよ。やっぱり子を案じているから子の方へ向きを変えて山の方へ行こうとしたんですよ。急所には当たっているんですよ。心臓に当たって致命傷になっているけど。私はやっぱりアイヌとして、クマの頭は撃たない習慣がついていたんです。弓でやっていた時代の習慣の話が残っていて、私らは頭を撃たないんですよ。でも頭は銃のときは急所なんですよ。だけど頭は撃たないようにみんなが昔から言っている話を聞いているから、それがいつとなく身についているんだと思うんで私も胸の方を狙うんです。そして撃ったら親グマは子グマの方へ動こうとしたんですよ。それは一〇月の中頃ですからまだ日が落ちるのにはだいぶ時間がありました。

一発撃って二発目を撃とうとしたときに、そのクマは山へ向かったんですよ。そして山へ向かったときに二発目を撃ったらよろめくように見えたんだけど、もう日がどんどん暮れていくから、よろめいたのか逃げて行ったのかよく確認できない。でもそういうときに私たちは直接つかつかとは絶対に近寄らないんです。迂回して倒れているなというところへ少しずつ近づいていく。斜面であれば上の方から。

普通の人はとどめを撃つといって、無駄な弾をパンパン撃つけど、私たちはそういうことは絶対しないんですよ。そんなことをしたら習慣になるし自分の度胸が決まらないから。とどめっていうのはしないんです。一回で死んでいればとどめは必要ないんだからしないんですよ。よろめくのがわかっていたから弾の効きはわかっているんです。

そして死にかかっているときに接近するのが一番嫌なんですよ。とにかく倒れていたって息があれば、かかってくる動物だから。そのときに一番慎重にならなければいけないんです。クマによっては死んだふりをしてじっとしていることもありますし。

私たちハンターは死んだものには二の弾をかけるなって言うんです。倒れていたら逃げる力を奪っているんだから、ハンターとしては九分九厘獲っているんです。だからなにもあせらないでじっくり安心して時間をかけろと私は言うんです。瀕死の重傷のときこそ一番怖いわけです。普通死んでしまうとケモノというのは毛が寝てしまうけど、毛並みがフワーっと立っているときは相手の精神までは死んでいないんですよ。相手がまだ逆襲するんだという意気込みがあるときに毛並みが立っている。

棒で突っつけるほど接近したら危険です。彼らはそんな動作ののろい動物ではないから。クマに接近しているときには、鉄砲よりクマの方が速いです。このときのクマは至近距離で子連れだったので危険でしたが、その頃私の方には、もうだいぶ余裕ができていたので、怖くはなかったです。それで、ようやく近くからそのクマが死んでいるのを確認しました」★6

姉崎さんの話で最も印象的なのは、クマの気持ちが鎮まってから撃つということだ。別のヒグマと出くわしたときにも同様にクマが落ち着くまで銃を構えずにいたと証言している。これはよほどクマと対峙した経験があって、気持ちに余裕がある人でなくてはまずできない。だが、それは自分が襲われないようにするためだけではない。ひとつに、怒りをもって死んでは魂が救われぬ、カムイとして神々の国に戻ってもらうためには平常心をもって弾を受け取ってもらう必要があるという思いがある。そしてもうひとつ、互いの心が通じ合わなければ撃ち取れないという考えがあった。だからこそ、クマの気持ちが鎮まるのを待って引き金を引いたのである。★7

姉崎さんは子連れグマと出会ったときは、子グマの方に目を向けず、母グマだけを見つめながら、次第にその場から離れていくことを勧めている。母グマには子どもを守る本能があるから、刺激することは危険をみずから招くことになる。だから、近づくことは危ういとつねづね言っていた。本来、避けてきたのだが、この日は至近距離で相手に先に察知され、相手が驚き、興奮している以上、互いにやり過ごすことは難しい、仕留めるほかないという判断をとっさに下したと思われる。

クマはすぐ人を襲う動物ではないと姉崎さんは言う。クマは気の荒い動物ではないと思っているとも。

姉崎さんが育ったころは、集落でまだ子グマを飼っていた時代で、子グマと遊んだ経験もあった。前述のとおり、クマと接することでその性格を知る。それはエカシも同じだった。

「どっちかっていうとクマっていうのは平和主義です。私はクマの近所に住んでいて、そこに行くと、クマの子というのはわりと人なつこいから、そのクマの子を檻から出して私たちはよく相撲を取って遊ぶんですよ。相撲を取って遊ぶと絶対に痛くはかじらないんですよ。爪も出さないんです。やっぱり遊びは好きなんですね。結構遊ぶんだけど、そのうち人間の子どもの方が技があるから足を掛けてドンと転ばせる。すると、クマは野生の本能があるから転がされると『オレの方が強い』って本気になる。本気になってくると、今度は爪も歯も出しますね。だからクマと遊ぶときは柔らかく遊んでやらないといけないんです」

クマと人間はもとより敵対関係にあるわけではない。しかも、追い追われる関係でもない。根本さん、姉崎さん、二人の証言に接すると、むしろ、人間とクマは近い関係にあって、人はクマを尊敬し、なおかつ身近な生き物として常日ごろから絶妙な距離を保ちつつ暮らしていたことがみえてくる。

＊

贈り贈られる関係にある神と人間。互いに痛みを与え、借りを負う神と人間。先のイオマンテやサッポロ人の物語でも考察してきたが、こうした構図は、人間と、神としての動物がやはり一方的な関係にはないことを示している。

となると、狩りもまた再定義が必要になる。狩りとはそもそも人間が力を発揮する場でも、強さにまかせて相手を屈服させる舞台でもない。むしろ獲る側と獲られる側が互いのつながりを再確認する場なのである。

だから、世界を見わたせば、獲物を食べることを禁じている狩猟民もいる。

南米・パラグアイの先住狩猟民アチェ（グアヤキ）は、捕らえた獲物を自身が食べることを禁じており、殺した動物を食べれば猟運を失うとされている。必ず他人に贈与して食べてもらい、反対に別の男性が獲ったものが自分のところに回ってくるというしきたりのもとで生きている。[★8]

東カナダには、シカ狩りをしているあいだはシカを食べないし、漁業の期間中はマスを食べないことを自分たちに課している人々がいる。彼らは「殺さぬ時にだけ食べ、食べない時にだけ殺す」[★9]。そのことで、狩猟を「食べるため」という目的、あるいは「目的」的行為から切り離しているのである。

＊

アイヌ民族最後のクマ撃ちの一人だった姉崎等さんによると、狩猟は人間が単独で行なってきたものでもないことがわかる。

そのパートナーは意外にもカラスである。

「話で聞いていました。カラスにおこぼれを与えることで、カラスも喜んで教えてくれるんだ、と」

カラスは大事な存在だった。カラスが騒ぐとそこにクマがいる、獲物がいるからだという。

「鉄砲撃ちが鉄砲を出していると、カラスは来ないのが普通なんですよ。ところがクマ猟に行くときは、カラスに銃を向けることは絶対にしないから、クマ猟のハンターが弁当を出して食べているとカラスは鳴いて欲しがる。鳴いていると少しおこぼれを置いておく、するとカラスがあとをついて歩くようになるんですよ。

カラスは利口な鳥だから、そういうことでカラスに今度、クマを教えてもらって獲ったっていうハンターもたくさんいる。カラスは夏じゅうずっと、冬になるまで山にいるから、どのクマが来て、どこに穴籠《ご》もりをするか知っているんです。クマは一度にさっと穴に隠れちゃうわけじゃないから、穴を掘るのにヒマをかける。十日以上もヒマがかかるから、カラスはそれを見てちゃんと覚えているわけですよ。そうすると、この近くにクマが隠れているって鳴くんです[★10]」

まるでカラスを手下に使って山の中に情報網を築いているようなものだ。

そして、狩りが成功すると、助けてくれたカラスの振る舞いに感謝して、獲物の肺など人間が食べない部位を平均に当たるように細かく刻んで、そこらの木の枝に一切れ一切れ刺しておくのだという。

姉崎さんの話からは人とカラスの一体感が感じ取れる。山に入るということは、やはり生き物同士のつながりや自然との一体性を確認することなのではないかとあらためて思わないではいられない。

カラスは冬眠に入ったクマがメスで子を宿しているかどうかも教えてくれるという。子をもっているクマは穴から出るのがほかより遅いから、これは重要な情報だと姉崎さんは言う。

そうであれば、アイヌの古老がカラスの言葉を聞けて、その託宣によって日々の暮らしを営んでいたというのもあながち神話世界、神話時代の産物と片づけるわけにはいかないと思われる。

母キナラブックの日常がそうだったと、杉村京子さんから聞かされた。

キナラブックはカラスの鳴き声で物事をよく判断していた。鳴き声を聞こうと、朝起きたばかりでも外に耳をすました。

「カラスはただ鳴いているんじゃない」。キナラブックはそう言った。

そして「カラスが笑っている」「カラスが泣いている」「カラスがなにか恐ろしいことを知らせている」と口にした。

京子さんにこんな物語を話して聞かせることもあった。

「天の神のところで世間話をしていたら、カラスが来て『お前には見えないのか。早く行け。

山尻の根性くされグマが来て、お前の妻と争いながら川の方へ行った』と言う。帰ってみたら、妻の着物の切れ端があちこちに落ちている。妻を助けようと走って行ったら、倒木の上に骨だけになった姿で腰掛けて、倒れんばかりに『山尻の根性くされが結婚しようと言う。嫌だと言うと殺されてしまった、あなたを待っていた』と言うや死んだ。

人間が見つけてイナウをくれれば魂は生き返るのだが、同じ神同士、殺し合ったのでは、イナウをもらえず生き返れないのだと、山を領有するクマ神の若者が語った[★11]」

危急のときにもカラスは助けになろうとしてくれる、そのことを示す伝承だ。

人間の危機を救ってくれるのはカラスだけではなかった。オオカミ（ホロケウ・カムイ）もまた、シカを獲って満腹になると人間を呼んで残りの肉を分けてくれていたという[★12]。

明治時代、和人の手で絶滅させられたが、かつて人（アィヌ）がオオカミと共存していた時代は人がカラスに食べ物を分配するのを森の中で見ていて、人間の振る舞いを記憶していたに違いない。あるいは、人間がカラスの言葉を理解できるように、オオカミもまたカラスの言葉を理解できたとしても不自然ではない。

＊

狩猟採集の民は日夜、獲物を追い詰め、討ち取ることに汲々《きゅうきゅう》としていたわけではなかった。

むしろクマやシカと日常をともにし、相手を観察し、本当に必要なとき、機が熟したときだけ仕留め、魂を神々の世界に丁寧に送り返してきたのである。そこには狩りのパートナーとしてのカラスも介在する。

そして、ひとたび狩りに成功すると、獲物の前に畏《かしこ》み、感謝の祈りを捧げ、供物を神々の世界に送ることを常とした。

狩りは殺し、殺される舞台ではなく、獲る側と獲られる側が互いのつながりを再確認する場であり、それこそが狩猟採集民の神髄だったのだ。

それだけではない。ありとあらゆる命を大事にし、恵みに感謝し、神々や自然を敬うという気持ちでアイヌ民族は日々、暮らしていた。同時に、神々が自分たちを訪ね、恩寵を与えてくれることを願うことも忘れなかった。

命のつながりを実際に確認するのが狩猟という行為であり、儀式のかたちで昇華したのがイオマンテや捕った生き物の霊に捧げる祈りだったのだ。

*

さまざまな命と自分たちはつながっているという意識を、この社会は欠いているのではないか——。その問題意識が、原発事故後にエコロジー的発想の回復を考えるうえでの出発点にあった。

原発事故以前からすでに疑問を抱かずにおれないことがいくつかあった。たとえば、産卵のために川に戻って来るサケのほとんどを河口や川下でつかまえて卵を人の手で孵化させる人工増殖事業だ。水産資源を安定的に確保するため、人工増殖そのものは否定しない。問題は、自然産卵はさせなくてもいいというほど獲り尽くす人間中心の発想である。

自然産卵を眼中に入れなくなったことで、川を直線化し、コンクリートで固め、途中にどれだけ堰堤やダムを造ろうが、あるいは水質がどれほど汚染されようがお構いなしになって、河川行政を変質させた側面は見逃せない。川は水域の生き物たちの命の「動脈」としての役割を果たすことができなくなった。もちろん、サケの恵みに依存してきたアイヌ民族を窮乏させ、サケを迎え、自然に感謝するという精神文化の根幹を失わせた点も忘れることはできない。

しかも、元来、産卵ののち果てるサケの体は、クマをはじめとする山なかの野生動物や鳥たちを養う一方、海のミネラルを陸地に還元する「物質循環」に欠かせない重要な役割も果たしてきた。近年、遺伝子の多様性を維持する必要性も言われるようになり、自然産卵や野生のサケが見直されつつあるのは前進だが、川の生態系を全体として復活できるかどうかはいまだ見通せない。

北海道だけでなく日本全土でオオカミとカワウソを絶滅させてしまったこともある。

狩りに長けたオオカミは、狩猟の民にとってはカムイとして崇められる存在だった。ところが北海道内では、家畜を襲うオオカミを敵視する米国のお雇い外国人の提言に盲従して徹底的に「駆除」が行なわれ、主たる餌だった野生のシカも食肉産業や毛皮産業のため乱獲されてオオカミたちを飢えさせた。捕食者のオオカミを絶滅させたことが、ひるがえって今日、エゾシカの爆発的増加と森の荒廃という深刻な事態を招いているのだ。

一方で、目を凝らせば、命のつながりを感じたり、大事にできる場がいまもないわけではない。市民にとっても、かかわろうと思えばできない話ではない。そういう場を知り、増やしていく気構えが生まれれば、アイヌ民族の精神に近づくことはそれほど難しいことではないように思う。

たとえば、二〇〇万都市の札幌では、街の真ん中を流れる豊平川の水質汚染が進んでサケが回帰できなくなったことを嘆いた市民らが、水質を改善し、稚魚を放流してサケを呼び戻す運動を一九七八年に始めて、回帰をみるまでになった。いまは人工増殖を大幅に減らして、川床に産みつけられた卵から孵化した野生サケが再び豊平川に戻って来て産卵する「自然の循環」を回復する新たな段階への移行を模索するまでになった。もちろん、市内の豊平川河川敷で毎年九月に行なわれるアイヌ民族のサケを迎える儀式アシㇼチェㇷ゚ノミも、市民の意識変革を促す一助となってきたことは疑えない。

知床半島の放棄された開拓地跡や同じ北海道東部の釧路湿原、霧多布湿原では、自治体や民間団体が私有地を寄付金で買い取って保全するナショナルトラスト運動を続けている。いずれも野生生物や水鳥、渡り鳥にとって重要な場所で、運動の結果、半永久的に残されることの意義はとてつもなく大きい。

北海道東部、釧路地方の標茶町と別海町では、すみかを開発で奪われ、数を大幅に減らしたシマフクロウが住める森づくりをうたって、市民団体が西別川流域にもう二〇年以上、木を植え続けている。森の減少がニシン消滅の原因とみた漁業者らによる植樹活動も各地で行なわれてきた。

北海道だけでない。「森は海の恋人」のキャッチフレーズで全国に知られる宮城県気仙沼の植樹運動は、木を植えることでカキを育む海の環境を改善することを狙いにしている。落ち葉に含まれる鉄分が川を通じて海に流れ込み、プランクトンを増やし、魚介類の成長を促すことがわかった今日《こんにち》、運動はしっかりした根拠をもつようになった。

日本列島を俯瞰すれば、もっと壮大なつながりが見えてくる。モンゴル、ロシア、中国を流域とする大河アムールを通じて海に流れ込んだ鉄分がプランクトンを増やし、オホーツク海の水産資源を養い、恩恵は北海道にも及んでいることが突き止められた。サンマやサケ、タラなどが食卓に並ぶとき、私たちはユーラシア大陸に点在する湿原や森とつながっているのである。

トキの野生復帰で話題の新潟県佐渡では、農家が水田の環境保全に熱意を燃やしている。水田は、トキが餌とするドジョウやカエルの格好のすみかだからだ。そうした小動物や魚を水田から消滅させないために農家は減農薬に取り組み、とくにトンボやミツバチ、鳥を減少させる可能性が高いとされ、欧州連合が使用禁止に踏み切ったネオニコチノイド系農薬については使わない方針を打ち出した。そうした水田で作られた米は「朱鷺《トキ》と暮らす郷米《さとまい》」や「朱鷺踏んじゃった米」のネーミングで販売されている。市民もその米を買うことで間接的に生態系の保護を後押しすることができる。反対に、生態系全体に打撃を与える農薬を使い続ける地域には今後、虫が消え、鳥が鳴かない「沈黙の春」が訪れるかもしれない。そうした農薬の動向を関心をもってウオッチするだけで、市民の無言の圧力が形成される。それもまた、環境と私たちがつながれる道のひとつである。

第四章　持続社会の根底にあるものは

「畏れ」を忘れずにいること、この大地で命のつながりを意識しながら生きること――。きわめて深刻な原発事故を起こしてしまった東日本大震災のあとにくしくも明るみに出てきた社会の欠落部分を、アイヌ民族の精神文化によって浮かび上がらせ、エコロジー社会に立ち返る原点を探る試みをこれまで続けてきた。

原発事故でもうひとつ、浮き彫りになった論点があった。原発を動かしてきたことで日々、積み増しされてきた核のごみの処分をのちのちの世代にツケ回しして平気でいることに象徴される社会持続性の欠如だった。

持続社会を考えるうえでは、アイヌ文化に先立って、一万年を超える長きにわたって安定的な社会を維持してきた縄文文化に遡って考えることがわかりいいかもしれない。

過去には、人類史のターニングポイントは農耕の開始であり、その時点で、人類は狩りや植物・木の実の採集に頼る移動生活を脱し、定住生活に移行したと説明されてきた。狩猟生活は獲物が獲れる獲れないに左右されるため、不安定であり、大きな集団を築くこともできないと見られてきた。

ところが、縄文人の暮らしの解明が、その見方を根底から覆した。縄文時代にすでに人々は狩猟・漁労・採集に依存しながら移動生活を脱し、定住を果たしていたことがわかったのである。

持続社会へのカギが見つかるかもしれない――そう考えて北海道からフェリーで青森県の八戸港に入り、レンタカーで目指した先が、環状列石（ストーンサークル）で知られる小牧野遺跡だった。

＊

まるでグラウンドのように、その一角は草がはがされ、砂とも土ともつかない明るい色合いの地面が露出していた。グラウンドと違うのは、そこに一抱えもあるような石が規則正しく並べられていることだ。直径数メートルの円。それを囲むもっと大きい円、そしてさらに外側にもうひとつの円があって三重の環状列石が眼前に広がる。

やや遠目にひときわ大きい石がすっくと立っているのが見えた。

人影はまばらで、ひっそりと静まりかえっている。約四〇〇〇年前、縄文後期前半の遺跡である。
一番外側の環は直径が三五メートル、真ん中が二九メートルなのに対し、最も内側の円は二・五メートルと一気にぐっと狭まる。

三重の環状列石が往時のままに保存されている青森県小牧野遺跡の中心部

環状列石は祭祀場と考えられており、「広場の周縁は石垣状の列石に囲まれているので、さながら円形劇場のような空間効果を演出している」と説明板にある。

遠目にも目についた中心の石は、人々の祈りを凝縮する役割を果たしてきたに違いない。すぐ目の前まで近づけるようになっているのがうれしくも、畏れ多くもある。かつては誰もが近づくことを許されたわけではなかったかもしれないのだ。

そばには石器や土器が大量に見つかった「捨て場」がある。土偶も出土した。捨て場は貝塚と同じく、道具の再生を願う場だったのであろう。

近接する墓場には不思議なことに貯蔵穴も見つかっている。亡くなった人を送る場と、人々が命を長らえるための食料庫がいっしょにあることにもなにかの意味あいが込められていそうだ。

使われている石はざっと三〇〇〇個にのぼる。五〇〇メートルから一キロほど離れた荒川から運ばれたと見られており、膨大な労力と時間を想像しないではいられない。もちろん石を組んで環状に並べる土木工事にも多くの人々が駆り出されたはずである。

土木工事は使う人（支配者）、使われる人（被支配者）の階級の成り立ちもまた思い起こさせる。かつて宗教学者の中沢新一と連れだってここを訪れた音楽家、坂本龍一の口を突いて出た「国家寸前まで来ているような気がする」の意味が確認できたような気がした。

ただ、坂本龍一の見立てで大事なのは、国家の「寸前」であって、「国家そのものではない」という視点である。

「環状列石のなかにいると、石を運んできて、お祈りしている人たちの姿が見えるかのようで、不思議な感覚になりますね。三内丸山遺跡よりも一歩進んだ宗教心のあり方で、国家寸前まできている気がします。ぼくは直観的に、環状列石というのは天を地に模したものだという感じがしたんですが、ただ岩を拝んだりするのとはちょっとちがって、天上の世界を人工的につくろうとしていると思う。そして一般人は土葬なのに、何十年かにひとりの特別に選ばれた人間だけが土器棺に入れられて埋葬されている。ひとりの人間が自然のパワーを象徴するようになって、集中した権力をもっているということで、ほとんど天皇制直前のかたちに思えます★1」

こう言った坂本龍一に対し、中沢新一は違う角度から重要な視点を提示した。

「国家がいつ生まれてもおかしくない状態にあるのに、そうならなかったのは、国家の発生を抑える何かがあったってことでしょう。アメリカ大陸の場合、インカやマヤなんかは国家ができたんだけど、わりと短命ですよね。もともとアメリカ大陸の先住民族はモンゴロイドですから、中国で高度な文明をつくった人たちと同じ起源をもっている。だから、DNAのなかには、国家をつくる要素もあって、いったんは国家形成の方向に向かったのに、それを解体しようとする精神性もひじょうに強かった★2」

なんとも不思議だ。国家をつくり、権力を高め、壮大な事業に乗り出すことに積極的な人たちがいる一方で、あえて国家をつくろうとしない人たち、国家ができそうになるとそれを解体の方向に押し戻そうとする人たちがいたのではないかというのだ。その見方が正しければ、ここ小牧野遺跡は、国家をつくろうとはしなかった人たちが残した遺跡ということになる。

私たちは、国家をつくった側が、国家をつくらなかった側を支配し、抑圧し、のみ込んでいった歴史しか知らない。一方的にやられっぱなしの側にみずから進んで回るなど、とても考えられない。それとも国家を造ることでなにか失うものがあるということなのか。裏を返せば、国家を造らないことで得られるもっと大事なものがあるというのだろうか。

狩猟・漁労・採集に従事しつつ、祈りと感謝の精神文化を頑固に守り続けて、縄文時代は一万年間もの長きにわたって続いた。一万年とひとくちにいうが、エジプト文明も古代ギリシャも続いたのは数千年で、縄文の持続性にはとても及ばない。

その背景に「平等主義」があるとみたのが、環境考古学者の安田喜憲だった。

「〔縄文の〕文明原理は、平等主義に立脚した社会制度を有していたということである。たしかに縄文時代中期以降は、階級差を匂《にお》わせるものも存在するが、エジプトやメソポタミアのように、巨大な王は出現しなかった。墓においても、その副葬品に大差はなく、階級社会の装置を文明原理に取り入れない、何らかの独自の平等主義に立脚した社会制度があったものとみなされる。生産物が貯蓄しやすく、このために容易に貧富の差や階級差が生まれやすい穀物農業を受容することを回避する文明の装置と制度系を有していた[★3]」というのである。

坂本龍一が「国家寸前まで来ているような気がする」と感想を漏らした小牧野遺跡から車を少し走らせると三内丸山遺跡に行き着く。

野球場を造成しようとして見つかった三内丸山遺跡は、それまでの縄文時代に対する常識をつぎつぎひっくり返し、それでますます注目を集めることになった。青森県は結局、野球場の造成をあきらめ、遺跡公園として保存せざるを得なくなった。物言わぬ遺跡が、それほどのインパクトをもったその第一は、集落の規模であり、住居跡の多さだった。

暮らしやすかった約六〇〇〇年前の温暖期でも縄文人の人口は日本列島全体で三〇万人前後と見積もられている。そんななかで、最盛期の三内丸山には五〇〇人もの住民がいたとの見方もあるほどだ。縄文前期中葉から中期末葉（五五〇〇年～四〇〇〇年前）の一五〇〇年間に、約四〇ヘクタールの広大な範囲にわたって一〇棟を超す大型の竪穴住居と七八〇軒にもおよぶ住居がつくられたと推定されている。

しかし、集落がそれほど大きくなっても縄文人が権力を集中し、人々を統治するクニ造りの方向を志向しなかったことがここ三内丸山遺跡からも読み取れる。労をクニ造りに費やすのではなく、儀礼や信仰に注ぎ込んでいたようなのだ。

先の環境考古学者、安田喜憲の言葉を借りれば、縄文社会は「自然と共生し、永続的・循環的に生き、命あるものがすべて平等の価値を持つという文明原理に立脚した社会を構築した。こうした文明原理を永続的に維持するために、縄文土器や土偶を大量に生産する知的・芸術的行為やストーンサークルの構築あるいは巨木の祭などの宗教的祭祀といった、日々の生業活動とは異質の直接生産には結びつかない文明の装置・制度系をきわだたせて発展させた」★4

だとすれば、縄文人がクニを造らないことで得ていたもの、その答えはおのずと明らかだろう。それは社会や文化の持続性であり、自然（神）との共生やそれに伴う儀礼や造形へのエネルギーであり、人間にとどまらず、自然や物も含めたうえでの平等主義だったのである。

＊

私は一九八九年に訪れたカナダ北西海岸のことを思い出さずにはいられなかった。

そこには神話の世界を疑わない人たちが確固たる思いをもって生きていた。

ハイダ族の彫刻家ビル・リードはその時期、ワタリガラスの神話をもとに、集大成である「ハイダ・クイーンシャーロット諸島のスピリット　ブラック・カヌー」に精力的に取り組んでいた。年齢は七〇歳に近づいていたが、なんとか神話の世界を人々の眼前に提示しようと最後の力を振り絞っていた。

彼は考古学者が証拠を積み上げてきたユーラシア大陸から新大陸への人類の移動さえも否定した。

「何千年も前にモンゴロイドが陸橋を渡って新大陸に至り、アメリカ・インディアンと呼ばれる人々になったと現代では広く信じられています。ですが真実は違います。ナイクンの浜の貝の中に潜んでいた私たちの祖先をワタリガラスが見つけた、それこそが真実なのです。ワタリガラスの誘いに応じて、私たちの祖先は鳥や獣やさまざまな生き物が暮らす世界に足を踏み出したのです」★5と。

トーテムポールで知られるハイダ族やヌートカ（ヌーチャヌルス）族の人々を訪ね、私が最も興味を覚えたのがポトラッチの儀礼だった。

ポトラッチは世にも不思議な儀礼として、研究者の関心を集めてきた。なんと主催者は、自分の持ち物を惜しげもなく人々にくれてやり、壊し、あるいは海に投げ捨ててしまうのである。そうすることで、自分の気前の良さや物への執着心のなさをアピールするのが、この儀礼の目的なのである。

なぜそんなことをするのか。

それはカナダの北西海岸や南東アラスカのとてつもない豊饒《ほうじょう》さと無縁でない。海と雨と森のこの一帯には、食べきれないほどのサケやニシンが海岸に押し寄せ、海浜の貝、森のベリー（実）は尽きることなく、むしろ恒常的に「物余り」の状態が続いてきた。森にはクマも生息する。

ただし、年によって自分たちの所有する漁場が豊漁のときもあれば、そうではないときもある。それはいわば運任せである。漁に恵まれたコミュニティーは、不運な隣人たちを漁に参加させたり魚や貝、獲物を分

北米北西海岸に点在する先住民のトーテムポール

けたりして、代わりに精巧に織られた毛布やカヌー、バスケット、貝でできた装身具といった「富」をもらったり、預けられたりする。

だが、増えた「富」はそのまま蓄えることはしない。ポトラッチによって他のコミュニティーに与えたり、壊したりすることで再び還元するのである。価値あるものを壊すことは野蛮で浪費的な行為のように取られ、ポトラッチは政府から禁じられた時代もあった。だが、中沢新一はこう表現する。

「北米トリンギット族の長は、最大の貴重品である銅板を、相手にプレゼントするのではなく、『もの』としての貴重品にひそんでいる強力な『贈与の霊』を、人々の前で飛び立たせてみせるために、勢いよく破壊してみせる」[★6]

その行為は自身の「地位」を高めることになる。言い換えれば、「富」を「名誉」と交換するのである。

地位を得ることは、人脈を広げ、より遠方も含めて子孫のために良縁を探せることを意味する。食糧資源を分配し、富を手放すことで、子々孫々の繁栄を確保すると同時に再分配によって富の偏り、食料の偏りをなくす仕組みがポトラッチと言えるのである。

歴史は物が余り始めたところから権力が生まれると説く。農耕の始まりは、数多くの人口を支えるとともに、農作物を集めさせ、献上させることによって人々の上に立ち、クニ造りに乗り出す権力者を生み出すに至った。少なくとも西洋社会や中国、日本の中央集権の成り立ちにはこの図式が当てはまる。

しかし、それは私たちの頭に植えつけられ、固定観念のように染みついているだけで、世界じゅうどこにでも当てはまる普遍的な現象ではないのだ。

*

一万二〇〇〇年以上前に新大陸の北の端に位置するアラスカに到達した人類は、世代を重ねて南北両大陸を縦断し、千年単位の時間をかけて南米大陸の南の端パタゴニアのフエゴ島に到達した。

南北両大陸はどちらも広大だった。さまざまな社会・生活形態の取り得る余地があったにもかかわらず、北米では大半の人々が狩猟や採集、漁労の暮らしを続け、部族社会を持続させる道を選んだ。

南北両大陸を通じて、都市国家の形態でクニ(国家)が造られたのは中米のメソアメリカと南米のアンデスだけだった。

そうなると、クニを造らないことの意味を、さらにポジティヴに捉える必要があるような気がしてくる。より強い表現を使えば、クニを造らないことに価値を見いだした人々がかつて存在し、いまなお存在するのではないか。クニがなかったこの世にクニが生み出されたという「無」

から「有」への社会進化・発展図式は誤っていて、世界はクニをあえて造らなかった人々と、クニ造りに突き進んでいった人々、その二類型に二分されてきたのではないか――。まさに発想の転換である。

そうしたクニを造らないことの社会的意味ないし集団の価値観を、パラグアイのアチェ族などのフィールド調査を通じて突き詰めていったのが、フランスの人類学者ピエール・クラストルだった。★7

クニというものをもたないできた各地の先住民族は、民族学者によって前政治的あるいは無政府的な歴史段階に停滞しているとみなされてきた。それはクラストル自身のフィールドでも同じで、先住民族の無政府社会は、インカ帝国との対置で語られてきた。

インカ帝国もそうだが、クニは「富の蓄積」と「王の出現」を起因として勢力を増し、版図を拡大していく。それはともすれば、クニができなかった地域、集団は「富が蓄積できず、王のような権力者が出現できなかった」という裏返しの論理を導いてきた。

これに対し、「先住民族社会だって、その気になりさえすれば富の蓄積はできないわけではない。なのにあえて蓄財を拒んできた。集団を束ねる首長だって戴《いただ》きはするが、むしろその首長が権力をもてないように、うまくコントロールする仕組みをもってきた」というのがクラストルの見方である。できるのにあえてそうしないできた――そこに先住民族社会の一つの原理があるというのである。

まず首長の位置づけである。

押さえておくべきは、集落の長《おさ》になることは、権力への近道ともいえる蓄財にはつながらないということである。長たる者にはむしろ、気前のよさと集落の同胞を助ける資質が求められているからだ。このことは先の北米北西海岸の奇妙な儀式ポトラッチからも十分うかがえるが、クラストルはその裏づけのためにウルブ族に関するフランシス・ハクスレイの次の記録を引用している。

「物惜しみせず、ひとが求めるものをすべて与えることは長の役割である。部族によっては、長はそれと見分けることができる。長は他の誰よりも所有物が少なく、見栄えのしない装身具しか持っていないからである。それ以外のものは全て、贈り物として人にやってしまうのだ」★8

ここで首長の役割がひとつ明らかになる。富を集めるのではなく、再分配する役割。それを担うのが首長なのである。

クラストルは、富を有しないばかりか、首長は権威や権力ももたされていないと説く。このことは初期のブラジル旅行者やそれに続く民族誌家たちが残した記録から読み取れる。「インディアンの首長はほとんど完全に権威を欠いており、政治的機能の分化はきわめて弱い程度に留まる」といった文言が散見されるからだ。

首長というリーダーは戴くが、そのリーダーは権威をもたず、先住民社会には目に見える実効的な権力機関は存在しない。

クラストルの表現を借りれば、「メキシコ、中央アメリカ、アンデスの高文化を除く全てのインディアン社会は……あらゆる命令―服従関係の存在しないきわめて多数の社会が一群をなして」きたのである。★9

首長は権威をもたず、地位から発せられる強制も暴力も主従関係も存在しない。クラストルは、米大陸の先住民社会の特徴を「民主的感覚」と「平等性への嗜好」という言葉に象徴させた。

では、そこでの首長の役割とはなにか。先にみた富の再分配はもちろん重いが、そればかりではない。クラストルによれば、首長には「集団の内部で調和と平和を維持する責務がある」という。それも「自分が保持してもいないし、また認知されることもないであろう力の行使によってではなく、彼自身の威信、不偏不党さ、言葉によって、係争を解決し、諍《いさか》いを鎮めなければならない」のである。つまり、「首長は裁可を下す判事というよりは妥協点を探る調停者なのだ」★10

権力を欠くからこそ、調停ができる。不偏不党で奉仕できる。そこに代えがたい価値を見いだして、社会の土台を築いたのが新大陸の先住民社会だったと見ることができる。

クラストルはこう書く。「首長は社会に仕えるのであり、権力の真の場としての社会が、社会そのものとして首長に対して権威を行使するのだ。だからこそ首長がこの関係を自らの利益のために逆転し、社会を自分のために奉仕させ、権力と名付けられたものを部族に対して行使することは不可能なのだ。未開社会は、首長が専制主に転化するのを許容しない」[★11]
首長が権力と財力を欠くがゆえに「王」は出現しないし、クニは生まれない。そこにはクニを造ろうとする動機は出てきようがない。

国家をあえて造らなかった社会の解明に向けて、クラストルは「富の蓄積」の有無という社会経済的側面からも考察を進めた。

先住民族社会は、余剰生産物を流通させる市場経済を知らないとされ、その理由として食べ物を探し、確保するのに精いっぱいで、余剰を生み出す能力がないことが持ち出されてきた。だが、クラストルは、先住民社会は「望みさえすれば物質的な財の生産を増加させるのに必要な時間は十分にもっている」とみなして、その見方を否定する。

クラストルが観察した先住民族は、みずからの額に汗して食いぶちを稼がなければならぬ、ということを故意に無視する人たちだった。男たちは四年ごとに二カ月だけ労働に従事し、残りの時間を労苦ではなく喜ばしいものと感じられる活動——狩猟、漁労、祭り、酒盛りに捧げ、その極みには戦闘があった。

ここでクラストルは狩猟を労働に含めていないが、その理由はいまさら言うまでもないだろう。狩りは本来、獲物を捕って食べる生活目的の労働ではなく、人が自然（動物、神々）とのつながり、関係づけを改めて確認する場なのだと先に明らかにした。

先住民族は必要以上の労働をあえて避ける生き方を身上としてきた。人間が自分の必要を越えて労働するのは、強制力による以外にない。ところが、まさにその強制力が彼らの世界には不在なのである。この外在的力の不在こそ、彼らの社会の性質を規定するものである。本質的に平等社会を生きる先住民族にとっては、生産活動は必要の充足ということによって計られ、限定されているとクラストルは言う。

＊

縄文人も労働時間はそれほど長くなく、余った多くの時間を祈りや祭りといった精神文化に費やしていたとみられている。これはクラストルの見方を補強する。

考古学者の小山修三の見立てでは、縄文人の五人家族が年間に必要な食料はクリやドングリが八石六斗（約一五〇〇リットル）、魚が二〇〇〇匹、イノシシ、シカが一〜二頭、ヤマドリ五〜六羽などだった。ドングリ類は年に一週間ほど山に入れば集められる量だという。魚は一日分にして二キロ必要な計算になる。[★12]

小山は、簡単でないのはタンパク源である魚二キロ分の確保だろうとみるが、サケが秋に川に押し寄せる北日本では重さ三キロのサケを家族五人で二五〇〇匹獲れば一年分が足りる計算になる。夏のマス類も合わせればもっと少なくて済む。

太古の暮らしぶりは復元が難しい。だから、研究者は、いまを生きる世界各地の人々のエネルギー産出量や生産効率を比較しながら過去の暮らしのイメージを組み立ててきた。文化人類学者の岡田宏明北大名誉教授は、狩猟採集民一人当たりの年間労働時間が八〇五時間、焼き畑農業とブタ飼育を組み合わせた暮らしが七八〇時間、灌漑を伴う稲作農耕民が一一二九時間という調査結果を紹介しながら、狩猟採集がじつは労働に縛られない社会だったことを明らかにしている。★13

狩猟採集民の年間八〇五時間は、一日にならすと二時間強である。狩りや漁労の道具作りなどの時間を別にしてはいる。調査の対象地域も時代も違うから単純に比較はできないが、豊かな自然に恵まれて暮らしてきた縄文人と、稲作を取り入れた弥生人では、弥生人の方が年間を通じてあくせく働かざるを得ない状況にあったと見て間違いはなかろう。

小山は、三内丸山遺跡の遺物を根拠に縄文社会にもポトラッチらしきものがあったのではないかと推測している。つまり、「貧しくなる」ための儀式が縄文文化にもあったのではないかとの問題提起である。

「〔三内丸山遺跡の〕盛り土にはヒスイ製品のように高価なものが容赦なく捨てられている。捧げ物の価値に見合った御利益があるわけだ。また、大量の完形の土器を故意に破壊したように見えるのは、アメリカ北西海岸諸族のポトラッチを思わせる。リーダーたちが財力を競う大がかりな祭りがあったと思われる」[14]

小山は「三内丸山の発掘は、富が特定の人またはグループにいったん集中したあと、宴会や祭祀の形で還元するという社会がすでに縄文時代にあったことを明らかにした」とも記している。

縄文後期に階層化に最も近づいたのは北海道だったと言えるかもしれない。恵庭市のカリンバ3遺跡は、死者に装身具や副葬品が添えられた墓群と副葬品のない墓群が明瞭で、社会格差の存在を想像させる。だが、それが「権力者の誕生」といえるほどの格差だった可能性については否定的な見方があるうえ、縄文晩期になると副葬品がなくなっていき、他の遺跡にも格差の存在を示す遺構は見つからない。このことは、縄文社会がやはり格差の拡大を抑制するなんらかの仕組みをもっていたことをうかがわせる。[15]

＊

持続性を誇ったその縄文文化にも終焉《しゅうえん》が訪れる。

気候の寒冷化は、凶作で人口を支えきれなくなった大陸（中国）の稲作民を外に押し出す圧力を生み、いまから二八〇〇年から三〇〇〇年ほど前に日本列島に稲作の技術をもった人々が押し寄せる結果となった。農耕民は縄文人をのみ込むかたちで次第に勢力を増し、技術的に稲作が難しかった北海道を除いては稲作社会、農耕文化が列島の新たな基盤となった。そこから社会は直線的にクニ造りへと進んでいく。

狩猟採集の民が無意識のうちに持ち続けてきた精神文化、とくに自然（神）と人間が互いに与え合う関係性は、農業が定着すると次第に薄らいでいく。農業は天候には左右されるが、作物は人間が手間をかければかけた分、応えて収穫を与えてくれる。そこでは狩猟採集民のような精妙かつ手間暇のかかる関係を自然や神々と築き続ける必要がない。

そのうちに農耕民にはクニから租税が課されるようになり、生産物が貨幣によって交換（売り買い）されるようになる。そうなるとますます、自然から恵みを受けている、生き物が織りなす生態系によって自分たちは生かされているという感覚は忘れ去られていく。

日本列島全体で見れば、北海道の縄文系の人たち、そこに連なるアイヌ民族はじりじりと「異文化」圏に追いやられていく。

＊

狩猟採集を基盤にした縄文人やアイヌ民族、豊饒な水産資源を背景にしたカナダ北西海岸のポトラッチ文化圏。一方でクニづくりに進んだ弥生人の社会やアンデス文明などが生んだ都市国家。社会のあり方における歴史上の対照は、人類に大きく二つの道があるとしたクラストルの見方を実証している。

権力を集中させ、多数の人々を支配して都市やクニを造り出す道は「発展」や「拡大」「成長」を目指すが、権力の集中を避け、精神世界を守り、生き物、自然、神々とのつながりを大切にする道は「持続」と「平等」を旨とする。そして、それぞれの道は同じ程度に「開かれてきた」と言えるのかもしれない。もちろん日本列島においてもだ。

これまで述べてきた通り、持続を旨とし、クニを造らないできたのが縄文人であり、クニ造りに向かったのが弥生人・古墳時代人である。クニを造らない発想は、列島の大部分で縄文文化が弥生文化にのみ込まれたあとも、北海道では確固として息づき続け、アイヌ民族の精神文化にも流れ込んだはずである。

そうした大枠に思いいたすと、将来を見通せないこの現代にあって、私たちがあらためて社会の持続性を見直し、格差なき社会を目指そうとするのであれば、縄文文化やアイヌ文化に学ぶところがあるのではないか。社会の平等性や持続性、自然との調和――そこに最も重要な価値を置く社会があることを知ったいま、それを加味して新たな価値観を築くべきではないのかと考えたくなる。

だが、現代においては、その出発点はあくまで個々人が意識をどうもつかであり、そこから社会が変わっていけるかどうかが次の段階としてある。人として、一個の人間として、どう生きるべきか。そこにもなにがしかのヒントが先住民族の社会にあるのかないのか。次章では、それを見ていきたい。

第五章　認めてもらえるように生きよ

「神が天国なる自分の家を出て肉を手みやげに人間の里を訪れ、気に入った者を見付けてその者の許へ『客となる』」

アイヌ民族出身の言語学者知里真志保のこの見方によって、狩りは「人間を主役に据えた獲物を追う行為」なのではなく、カムイの側が相手を見極めて客人となるべく人里を訪れてくれる「賜物」との主客逆転の発想が起きる。

アイヌ民族のクマ撃ち、根本与三郎エカシもまた同じようなことを言っていた。「根性の悪い人にはヒグマは授からない。心の悪さがわかってクマの方で逃げ去ってしまう」。狩猟の成否は狩る側の人格に拠る、それもクマの方がそれを見抜くというのだ。

自分が育てた子グマのキサラがイオマンテの儀式で矢を受け、神々の国に旅立つのを見届けたときの杉村京子フチの回想にも、その受け止めが現われていた。まさにその場面で、フチはかねて集落の人たちから聞いてきた「狩りやイオマンテで矢が急所に当たるということは、その相手が矢を受け取ってくれた証拠だ。動物は誰の矢でも受け取ってくれるわけではない。それに値する人間にだけ、しっかりと受け取るのだ」という言葉が真実であり、アイヌ民族のもってきた世界は本当にあるのだと確信を強めたのである。

狩りがうまくいくかどうかが自分たちの生存に直結する狩猟民であれば、人格を磨かなければ生き延びることはかなわない——そういうことなのだ。言い方を変えれば、認めてもらえるように生きよ——という戒律のもとでこそ狩猟民は生をまっとうできるということになる。

＊

知里幸恵が編纂《へんさん》した『アイヌ神謡集』は、主語、主人公が、カムイ（神）としてつぎつぎに登場するシマフクロウやシャチ、オオカミであり、それが「相手の側に立ってものを見る」視点を提供している。そこにもまた、知里真志保や根本さん、杉村京子さんと共通する世界観が反映されている。

『アイヌ神謡集』第一話「梟の神が自ら歌った謡」のあらすじはざっとこうだ。

人間の集落（コタン）の守り神とされる私が人間界を見わたすと、かつては豊かに暮らしていた家の子どもが貧しく、虐《しいた》げられている様子が読み取れた。富める家の子どもたちが自分に向けて矢を放ち、射止めようとしたが、それをかわし、自分は貧乏に身をやつしている子どもの矢を受け取り、その家に宝物をもたらした……。

物語の焦眉はなんといっても、シマフクロウ神が矢を受け取ってコタンに舞い降りる場面にある。

「『銀の滴降る降るまわりに、金の滴降る降るまわりに。』という歌を私は歌いながら流れに沿って下り、人間の村の上を通りながら下を眺めると、昔の貧乏人が今お金持になっていて、昔のお金持が今の貧乏人になっている様です。

海辺に人間の子供たちがおもちゃの小弓におもちゃの小矢をもってあそんで居ります。『銀の滴降る降るまわりに　金の滴降る降るまわりに。』という歌を歌いながら子供等の上を通りますと、(子供等は)私の下を走りながら云うことには、『美しい鳥！　神様の鳥！　さあ、矢を射てあの鳥　神様の鳥を射当てたものは、一ばんさきに取った者は　ほんとうの勇者、ほんとうの強者だぞ』」

物語は「神様の鳥を射当てたものは、一ばんさきに取った者は　ほんとうの勇者、ほんとうの強者だぞ」とうたう。矢を当てた人間こそが本当の勇者であり、強者と見なされると言っているのである。そうした条件のもとにあって、シマフクロウ神は富める子の矢ではなく、貧乏人の子どもの矢を受け取る。

「一人の子供がただの(木製の)小弓にただの小矢を持って仲間にはいっています。私はそれを見ると貧乏人の子らしく、着物でもそれがわかります。けれどもその眼色をよく見ると、えらい人の子孫らしく、一人変り者になって仲間入りをしています。（中略）小さい矢は美しく飛んで来て私の方へ来ました、それで私は手を差しのべてその小さい矢を取りました。クルクルまわりながら私は風をきって舞下りました」

そこにも、カムイが自分の体を差し出す人を選んだうえで、その人の矢を受け取るという世界観が現われている。

人間性が良ければ、神々は矢を受け取ってくれて、みずからその人のコタン、その人のチセ（家）を訪れてくれる。そして、衣（毛皮）とその下に秘めた肉を与えてくれる。裏を返せば、人格優れない人のもとには日々を暮らす糧は与えられないということになる。

こう考えることもできよう。狩りに出かけて獲物が獲れない。そのとき、獲物がいないこと、獲物に逃げられたことを人はついつい天候やツキのなさ、相手のせいにしたくなる。だが、アイヌ民族の世界観のなかでは、そうすることはできない。世界は自分を中心に回っているのではなく、相手次第、相手を軸に動いている。だから、獲物が獲れないことは自分自身の側に問題があると考えるべきなのだ。謙虚に構え、相手を恨まず、天を憎まず生きるほかない。そんな境地なのである。

獲物を授けてくれる神が神々の世界から常に人間界のことを気にしてくれていて、ときに神がみずから人間界を訪ね、この人はという人物を見つけては矢を受け取って肉や毛皮を分け与えてくれる。これは一見、アイヌ（人間）の側に一方的に都合のいい考えのように見える。

しかし、狩猟民の世界にあって、神々と人間の関係は与えてもらうだけの一方通行ではない。人間の側も、自分たちの集落を来訪してくれた神々の恩寵に感謝し、祈りを捧げ、それに報いる贈り物を神に持たせ、神々の世界にお返しすることをみずからに課しているのである。人間の側に求められている「りっぱさ」には、カムイたちを敬い、その思いを祈りのなかできちんと表現し、感謝を捧げることが含まれているのである。その究極のかたちが子グマを何年か飼ってから神々の世界に送り返すイオマンテに現われていると言ってもいい。

神々が人間界を訪れ、肉や毛皮を贈ってくれる。そして再び神々の世界に帰っていく。これが大きな世界の循環だ。一方に、神々がもたらすお土産に、人間が祈りの言葉や花矢、イナウ、酒や供物で返礼する双方向のやり取りがある。そのなかでは神々と人間はほとんど対等の関係のようにみえる。というよりも、対等になるために、人間の側は人格を磨き、祈りを惜しまず、感謝と畏敬の念を忘れてはならないのだ。

「梟の神が自ら歌った謡」で繰り返されるフレーズに、知里幸恵は「銀の滴降る降るまわりに、金の滴降る降るまわりに。」の訳をつけた。それに対し、弟の知里真志保は「銀の滴降れ降れまわりに」の訳を取った。★1 アイヌ語に精通したきょうだいが異なる日本語訳を付したところにも、じつは神謡がもつ世界の奥深さがある。

知里真志保の訳は、神々こそがさまざまな幸《さち》をこの世界に下ろしてくれるというアイヌ民族の神々と人間（大地）の関係をストレートに反映している。

例えば、アイヌ語でサケをカムイチェプという。直訳すれば神の魚となる。あらゆるものを神と捉えるアニミズム的な世界に生きてきたアイヌ民族にとって、サケはそれ自身がカムイ、つまり魚の神であってもいいはずだが、なぜかサケは「魚の神」でなく、「神の魚」なのである。それはサケ自身が神なのではなく、サケを人間の住む大地に下ろし与えてくれる神が別にいるからである。エゾシカもまた一部地域を除いて神ではない。同様にシカを人間界に下ろしてくれる神がいるのである。★2 だから、神であるフクロウ神が銀の滴に降るように命じたと考えて「滴よ　降れ降れ」と訳した真志保の見方は、アイヌ民族の世界観そのものとみなしていい。

では、姉幸恵の「降る降る」の訳はどういった根拠からきているのだろうか。

幼少時に伝承の語り部である祖母モナシノウクのもとに預けられ、六歳からは、のちに膨大なアイヌ語の物語を残すことになる伯母の金成マツ★3 を合わせて三人で暮らした幸恵がアイヌ語ばかりでなく、民族の世界観に通じていなかったわけがない。精神世界は口承伝承からだけでなく、実生活を通じて父母や祖父母、コタンの長老らから教わり、植えつけられるからだ。

だとすれば、幸恵はアイヌ民族の世界観にちなんだ弟真志保の「降れ降れ」という解釈が成り立つことをわかっていながら、あえて「降る降る」と訳したと考えるべきだろう。「銀の滴降る降るまわりに」と言われれば、しんしんと、あるいはしずしずと滴が降り注ぐどこか静謐《せいひつ》な情景が頭に思い浮かぶ。知里真志保の「降れ降れ」が、シマフクロウ神が羽ばたき飛びまわりながら滴を降らせている感覚、いわば躍動的、能動的な情景なのに対し、幸恵の「降る降る」は受動的といってもいい。

受動的ではあるが、これは神々がなにも行為をしないということではない。むしろ神々が不断に慈しみを与える行為を行なっているがゆえに恵みが降り続けている状態と取れるのではないだろうか。

伯母の金成マツ（右）と並んで写真に収まる知里幸恵
（知里幸恵　銀のしずく記念館寄託〔佐々木豊氏〕収蔵品＝知里森舎提供）

シマフクロウ神が貧しい一家に宝物を分け与える物語の舞台世界はあるものの、さらにそれを超える広い宇宙的な世界があって、大いなる存在が恵みを与え、降らせてくれている。その感覚のもとで銀の滴は降り続ける、金の滴も降り注ぐのを止めないのだと言っているようでもある。

受動的でありながら満たされている

という感覚の「降る降る」に対して、「降れ降れ」はこれはこれで視覚的ではあるが、世界の広がりといった観点では「降る降る」に比肩するとは思えない。

となると、こうも見ることができるのではないか。知里真志保の「降れ降れ」には、人格優れた者を選んで恩恵を与えるアイヌ民族の世界観が、知里幸恵の「降る降る」には、祈り感謝する人間の日常行為への見返りとして、常に神々が人間を見守り、恵みを降り注いでくれているというこれまた別のアイヌ民族の世界観が根っこにあるのだと。

見方を変えれば、いずれも、人間が神々の世界から、どう生きるべきか、どう振る舞うべきかの基本姿勢を問われているということになる。

見る世界は目の前の狭い範囲にかぎられている。むしろ想像力をかき立てるのは聞いて思い浮かべる情景である。それはどこまでも無限の広がりをもっている。口承だからこそ感じ取れる広がりある世界を、幸恵は『アイヌ神謡集』に投影したのではなかったか。

幸恵の時代は物語を語って聞かせてくれるエカシやフチが少なからずいて、かつての「夜ごと」とまではいかなくても、耳から物語を覚える機会はまだまだ失われてはいなかった。ただ、差別や学校教育における圧力から、家庭内で子ども相手にアイヌ語を使わない方がいい、使うべきではないという風潮が次第に強まっていたこともたしかである。『アイヌ神謡集』の編集、日本語訳に取り組みながら、幸恵は一方で、世界が「聞くこと」でかたちづくられる時代が終わりを告げようとしていることをひしひしと感じ取っていたに違いない。世界が「見えるもの」中心に狭められ、物語が「聞かせてもらうもの」から「記録された、読むためのもの」に変わりつつある。鋭い感性の持ち主であった幸恵がそうした現実がもたらす伝承の将来像を読み取っていなかったはずがない。

祖母や伯母から世界が語られることで、幸恵は人間がこの地球上であらゆる命とつながり、自然の神々に見守られながら生きてきたことに確信がもてた。だが、記録された物語を活字によって読み、知ることで、果たしてそういう境地に至ることが可能だろうか。とはいっても、物語が語られなくなった時代に頼りになるのは記録のほかかない。いま、記録に留めなければ物語世界の大方が失われるのだ――。一九〇〇年代初めという時代に、限られた命の全精力を記録と翻訳に注ぎ込んだ一九歳の少女は、こうした微妙な立ち位置にみずからを置かざるを得なかったのである。

＊

東日本大震災が起きた3・11後、皮肉にも「降る降る」の感覚は原発事故の放射能に当てはまるようになった。もしも幸恵がこの時代に生きていれば、神の慈しみの代わりに目に見えない放射能、つまりは「毒」を人間も含めたあらゆる生き物の上に降り注がせ、なおかつ放射線というこれまた目に見えないもので空間を満たす結果を招いた人間の所業にどれほどの衝撃を受けたかと思わずにいられない。人間は神に近づこうとして、神謡に象徴される恩寵の世界とは正反対の害毒に満ちた世を生み出してしまったのである。

毒を使うことがどれだけ残虐で、毒に当たることがいかに悲惨か、アイヌ民族は伝承を通じてかねてからその感覚はもっていた。「神々の物語」に対置される「人間の物語」で襲い来る毒おとこ、毒おんなとの対決がそれである。

人間の物語（英雄叙事詩）は、「カムイ・ユカㇻ」（神謡）に対し、樺太では「ハウキ」、北海道内では地域によって「ユカㇻ（ユーカㇻ）」や「サコㇿペ」などと呼び習わされてきた。その内容が北海道在来の「陸の民」と海を渡ってきた「沖の民」との実際の抗争を反映していると主張したのが、知里真志保だった。[★4]

ユカㇻの戦闘場面はとにかく激しい。その生々しさは、たしかに実戦が下敷きになっていないと出てこないような気がする。

そのひとつ「虎杖丸《いたどりまる》の曲（クトゥネ・シㇼカ）」のあらましはこうである。

私（ポイヤウンペ＝小さく〔幼く〕て陸に居る者）はシヌタㇷ゚カの山城に養兄、養姉に育てられていたが、石狩の河口に黄金のラッコが現われ、石狩の城主が「このラッコを潜って手取りした勇士には宝をわが妹に添えて遣わそう」と言っているのを耳にする。ある日、居ても立ってもいられなくなり、石狩に赴くと次から次へと若者が挑戦しては失敗して浜に打ち上げられ、そのぶざまな様子を石狩媛《ひめ》があざ笑っているのが見て取れた。

媛が美人だから挑戦者が相次ぐのかと思いきや、不器量な女である。歯がゆく思った私は海に飛び込んで黄金のラッコを捕まえると、そのまま空を駆け、シヌタㇷ゚カの山城に持ち帰ってしまった。

砦《とりで》の中に黄金のラッコが持ち込まれたことに気づいた養兄と養姉は怒りの表情を露わにする。「こうなったら、わが故郷は無事ではいられまい。弟の振る舞いで、世が乱れることは疑いない」と言い放つ。

古老がポイヤウンペの山城があったとするユカㇻ揺籃の地、石狩の黄金山

そして恐れたとおり、黄金のラッコを奪おうと、沖の国々から猛者たちが攻め込んでくる。最初は攻められ、守勢に立つが、じきポイヤウンペは沖の国々に逆に攻め込み、敵をつぎつぎ倒していく。

物語のなかでも乾きに乾いた国「モシレサチサチ」の兵士は、世にも恐ろ

しい強者で、それが襲い来るルカニ・アイヌ（毒おとこ）とルカニ・メノコ（毒おんな）のきょうだいだった。[★5]

毒おとこは小山が足を生やし手を生やしたように巨大で、猛毒の鎧《よろい》が手先、足先まで伸びている。武具の上表は岩の小川、小川のあいだを猛毒の水、猛毒の泡が流れ下り、岩のあいだには猛毒の刺々《とげとげ》がいがいがと立ち、刺のその先々は猛毒の泡が沸騰している。

毒おんなも武具には猛毒の刺をいがいがと立て、背には猛毒の鉄輪《かなわ》を猛毒の紐を取りつけて背負っている。毒のにおいが強風のごとく家の中に満ちあふれ、いまにも胸が悪くなるように思われた……。

ユカラにはさまざまな国の兵士が出てくるが、モシレサチサチの兵士はほかのどの兵士にも増して恐ろしい外見をしているばかりか、毒を使うことも特徴としている。

「昔よりして　悪しき昔語りにある事に　毒にて死ぬる者は　生き返ること　出来ざるものなりと　云うことあるに、あわれむべし　われらみな　毒に死にて、同じ死ぬるにも　尋常の死ならぬ死に方を　我等するよう　思わるるなり……」

毒に当てられて命を落とすその死にざまは悲惨である。しかも、生き返ることはできない。そうした無残な死がこれから毒おとこと戦う我々を待ち受けているのかもしれない――ポイヤウンペたちのそんな悲壮な思いがまず語られる。

「毒おとこは　入るやいなや　と見こう見して　口もとに　笑いをたたえ、云うその言葉なるものは　奥の喉に　ごぼごぼごぼ　海の岩穴の中に　潮の流れ込む　その如くにて　かく云いたりけり『こはそもまた　打見るようにては　われ心ゆかず。あになればとて　トメサンペッの　シヌタプカは　音に聞こえし所なりしに、わが打見るところ　やくざもののみ　奴隷どものみ　男子にても　女子にても　肩をならべて　いることかな。外つ島びとなりとて　欲すること　豈《あに》死なんや。ポイヤウンペ　土のごときやつ　その外のものたち、二海まわりて三海まわりて　われらを斬るとか　云うを我聞きて、腹が立ちたる故　わが妹を　われ連れ立ちて　いささかの返礼を　われらせんがために　われら来れるものなり……★6』」

　参上したときのこの口上を聞くだけで、誰もが震え上がりそうである。これを聞いて、ポイヤウンペの一番上の育ての兄がまず毒おとこに挑んだ。

「二たび三たび　毒のからだへ　まま兄　こすりつけたり　と我が思いしに、あわれや　まま兄が　その骨ぼろぼろになりて　下へたおれたり。カムイオトプㇱ　雄詰《おたけ》びして　立ちあがり、毒おとこへ躍りかかり、二たび三たび　双方より跳びかかりたり　とわが思うに、あわれや　カムイオトプㇱ　若きわが兄　かばかりの神　神の勇者も　その骨ぼろぼろに腐りて　たおれたりけり……★7」

ポイヤウンペの身内がこうしてつぎつぎと悲惨な死を遂げていく。

物語の構図をもとに、知里真志保はユカㇻが、「幼くて陸に居る者」を意味するポイヤウンペが率いるヤウンクㇽ（陸の民）と沖の民を意味するレプンクㇽの戦いにあるとして、五世紀から九世紀にかけて北海道のオホーツク海沿岸などに北方から海を渡って住み着いたオホーツク人（オホーツク文化人）と在来の縄文系の人々のあつれきが反映されていると主張した。

しかし、「毒」の語に、アイヌ民族がクマを獲る仕掛け弓の矢じりに塗ってきたトリカブト由来の「スㇽク」ではなく、「ルカニ」が当てられていることに大事なことが隠されているのかもしれないと考え出すと、別の解釈も浮かび上がってくる。

ルカニの語源は「ル＝溶ける・カニ＝金属」である。常温で液体の水銀の意味で使われているのであれば、毒としての水銀のイメージがそこに織り込まれていると考えるべきであろう。[★8]水銀中毒がどれほど恐ろしいか。それは神経や脳を冒す水俣病の原因物質となったことを挙げるまでもないだろう。毒おとこ、毒おんなの風体が「猛毒の水、猛毒の泡が流れ下り、猛毒の泡が沸騰している」などと描写されていることとも矛盾しない。

いずれにしても、アイヌ民族が自分たちが普段使っている毒とは異なる性質の毒を敵の武器に見て取ったということになる。

*

歴史をひもとけば、在来人と外来者の緊張関係はオホーツク人の南下・渡来だけでない。続く一三世紀半ばにはモンゴル軍の来襲、いわゆる「北からの元寇」があった。そのモンゴルの軍勢と、アイヌ民族は死闘を演じているのである。

じつは、九州におびただしい数の船を仕立てて大軍勢が攻め寄せた「(南からの)元寇」の記録にはモンゴル軍が毒矢を使ったことが記されている。毒矢に日本の軍勢は大いに悩まされたとあるのだ。モンゴル軍のそうした戦術を考えると、当然、北からの侵攻でも同じく毒矢が使われたに違いない。そうなると、毒おとことモンゴルの軍勢が重なり合う部分が出てくる。

毒おとこが居住する国が乾きに乾いた国「モシレサチサチ」と表現されていることにもモンゴルの影がちらつく。伝承を残した知里幸恵の伯母、金成マツによれば、その国は「潮も干《ほし》て、海もなくなる国」であり、なおかつ「雲の関」のその陰にあるのだという。その「雲の関」とは、「この天空の果てに、天雲の収まるところあり、そこより雲は湧き出でて空に満ちわたり、またそこへ収まりて、雲なき空ともなる。そのすべての雲の収まる天門のことである」と伝えているのだ[★9]。

もちろん有力な証拠があるわけではない。ただ、候補のひとつとしてモシレサチサチの実在性をユーラシア内陸部のモンゴル高原やゴビ砂漠のあたりに求めることはあながち排除できないのではないかということである。

モンゴル軍と最初に戦端が開かれたのは一二六四年で、その後、一四世紀初頭までたびたび

戦闘が繰り返された。★10

当初はモンゴル軍がサハリンに攻め入ったが、反対に樺太アイヌが大陸に攻め入ったことを示す文書もある。モンゴル軍は数度にわたって軍を繰り出したが、アイヌ民族はなかなか屈しない。頑強に抵抗するアイヌ民族を最終的に屈服させたのは一三〇八年だった。アイヌ民族はこの年に刀や兜《かぶと》を差し出し、以後、獣皮を毎年貢納して従う姿勢を見せるようになった。

そこまで抵抗できたということは、相当激しい、凄惨《せいさん》な戦闘が繰り返されたことの裏返しである。その間、毒矢に斃《たお》れる同胞が相次いだことも想像に難くない。ここにきてルカニ・アイヌとの戦闘シーンが真実味を帯びてだぶってくる。

もちろん、長い時間をかけて編み継がれた英雄叙事詩は、どれか単独の戦争や紛争に拠ってつくられたとみるべきではなく、オホーツク人とのあつれきやモンゴル軍との戦いなどさまざまな過去の歴史的要素を織り込み、複雑に組み合わせながら成立したと考える方が妥当だろう。

＊

大事なことは、物語の本質が闘いにばかりあるのではないことだ。

「虎杖丸の曲」は陸の民（ヤウンクル）と沖の民（レプンクル）の戦争が基軸を成してはいるが、沖の民のなかにもポイヤウンペに協力するオマンペシカびとや、病気になったと偽ってみずからの軍勢の侵攻を遅らせてポイヤウンペを助けたウカムペシカ媛（仮病媛）がいて、彼らといっしょに沖の民をつぎつぎ倒していく。

さらに沖の国のアトゥイサラ（「海の草原」「海の葦原」の意）は、沖の国のペシュトゥル媛の誘いに乗ってポイヤウンペを倒すためにやって来て死闘を繰り広げるが、じつはその誘いは、ペシュトゥルびとが陸の民と沖の民を戦わせて共倒れさせたうえで、自分たちが覇権を握るための謀略だったことが物語のなかで判明する。ポイヤウンペは真の敵がペシュトゥルびとと悟り、ついにはこれを倒すのである。

沖の民を色分けすれば、ポイヤウンペの敵、味方、そして両者をなきものにして覇権を握ろうとする民、本来は敵でも味方でもないのに騙されて戦うはめに陥る民の大きく四つに分類できそうである。だから、陸の民は、沖の民の大連合とただただ敵対しているわけではないのである。

しかも、物語は、ポイヤウンペが石狩媛に対して憎しみを感じて黄金のラッコを奪ってしまうところから始まり、戦乱に発展する。もとはといえば、同じ陸の民である石狩びととポイヤウンペの居するシヌタㇷ゚カのあいだのトラブルが沖の民も巻き込んだ一大戦争に発展するのである。

ひとまずの勝利で帰郷するさい、ポイヤウンペは沖の民のオマンペシカ媛とともに凱旋するし、自分のために犠牲を厭わないウカムペシカ媛の美しさに心動かされもするから、陸の民と沖の民の融和、和解を象徴する物語と読むこともできる。

陸の民のポイヤウンペが、同じ陸の民の媛を快く思わず、沖の民の媛に心引かれていく構図は、知里真志保の見立てにあてはめて想像を加えれば、縄文人の流れを汲む続縄文人や擦文人《さつもんじん》の男性がオホーツク人の女性を見初めて通婚することを正当化するための物語とみることもできる。

そういう見方をし始めると、物語の最初に石狩媛が不器量で性格が悪く描かれているのも、物語の展開上、同族から嫁をもらわずに、よその国（民族）から連れて来るための予防線をあらかじめ張っているとも取れなくない。

ユカラは知里真志保が見たような戦争と対立、陸の民と海の民の対決の側面をもちながら、そのあつれきの結果、異なる民族とのあいだに和解がもたらされるところに主眼が置かれているると見なすこともできるのだ。

神々の物語である「神謡」とはまた別なかたちで、人間の物語はそれはそれで人はいかに生きるべきかを暗に教えているとみることができよう。

近年、遺伝子（ＤＮＡ）鑑定技術の進歩で、現実に縄文系の人々とオホーツク人のあいだに通婚関係があったことが証拠づけられ、縄文系の人々がオホーツク人に子グマを贈っていた可能性もまた浮かび上がった。和解や融和が実体を伴いつつあるのである。[★11]

＊

ここで翻って、喪失を重ねてきた現代社会に目を向ければどうだろう。人々が語り継ぐべき物語をなくすこと、そして祈りを忘れること——。これはなにを意味するのか、それでなにが起きるのか——。

明治維新後、アイヌ民族の何人《なんぴと》たりとも明治政府から土地に対する打診を受けることはなかった。なんら了承を求められないまま、北海道の土地を隅から隅まで奪い取られ、一方的に日本の領土と宣言されたのである。★12

そこから開発が進み、地形が変わり、人間が変わり、いつしか生き物たちもつぎつぎと姿を消し、物語の多くが忘れられ、祈りが捧げられることもめっきり少なくなった。

地名の由来さえ覚える人もいなくなれば、その地と人をつなぎ、土地そのものを意味深いものにしてきた霊性や記憶、特性も雲散霧消する。人々はその土地やそこにいる動植物をますます大事に思わなくなり、壊すことへのためらいをなくしていく。

先の「メスグマを改心させたサッポロの人の物語」は、それが語られることで、サッポロの人やサッポロ川に特別の「過去」を刻むことになったはずである。あるいはサッポロの人が他の人々とは異なる意味づけ、属性を与えられたとみることもできる。物語が受け継がれることをやめ、忘れ去られれば、そこに付与された特別の過去も、特別の意味づけもまた失われ、ほかとなんら変わりない「ただの土地」になりかわる。

祈りもそうだ。アイヌ語に「チノミシㇼ」という言葉がある。日本語に訳すと「私たちが祈る地」となる。

祈りの場をもつことは、その土地や周辺一帯を聖別することにほかならない。一九九七年に日高山脈を流れる沙流川筋の二風谷《にぶたに》に巨大なダムが造られ、それに伴って、三カ所あった集落の祈りの地のうち「ペゥレㇷ゚オッカ・チノミシㇼ」と「カンカンレㇾケ・チノミシㇼ」の二カ所が工事で破壊されるといった信仰を踏みにじる事態が起きた。

チノミシㇼを守りたいと最後の手段に打って出たのが、ダムの建設に向けた土地収用に異を唱える萱野茂エカシらの二風谷ダム訴訟だった。札幌地裁はアイヌ民族を先住民族と初めて公式に認定し、強制収用を違法とした。画期的な判決だったが、ダム湖が姿を現わした沙流川は元には戻らなかった。聖なる場、それに対置する俗なる日常の場――その区別が消え、よほどの心構えで守っていかなければ、人々の心のなかからも聖なるものを大事にする心が薄らぐことは避けられなくなった。

＊

杉村京子さんの母親キナラブックが育った石狩川沿いのイチャン（深川市）の地名は「サケの産卵床」を意味する。しかし、時代とともに石狩川は汚され、越えるに越えられない障害物が設けられ、サケは遡上しなくなった。大震災と原発事故の被災者に祈りを捧げた上流、旭川の川村シンリツエオリパックアイヌ・エカシは、一九八〇年代からサケが来なくなった川に稚魚を放流し、最初のサケを迎えるカムイチェップノミの儀式を毎年行なってきたが、儀式本来の意味あいが失われてしまった事実は厳粛に受け止めざるを得ない。魚道がつくられ、障害が除かれ、サケの群れがようやく旭川に帰って来るようになったのはわずか数年前のことだ。

下流にある月形町の樺戸は樺戸監獄があったことで知られるが、カバトとは沼地に生える食用植物「コウホネ」を指すアイヌ語である。京子さんに連れられて石狩川流域の沼に分け入り、腰まで泥に浸かりながらカバトの根を採った日のことが思い出される。だが、今日《こんにち》どれほどの人が樺戸の地名の由来を意識しているだろうか。

私は小中学生時代、旭川市内でもカムイコタン（神居古潭）とそう遠くない神居に住んでいた。そのカムイコタンはかつて京子さんの父親コキサンクルの舟を転覆させ、命を奪って家族を困窮させた石狩川の難所だった。直訳すれば「神々の集落」だが、そこに住む神はむしろ恐るべき力をもつ性悪のニッネ・カムイで、舟で往来していた時代は、このあたりにさしかかれば緊張を強いられることを地名が教えてくれていたのである。

反対に豊かさの象徴のような場所もある。小樽の張碓《はりうす》や、旭川の春志内《はるしない》はおそらくは「ハル・ウシ（食料・たくさんある）」を地名の由来としている。山菜などが豊富な土地柄が想像に浮かぶ。かつて春先には嬉々として訪れるアイヌ女性の姿があったことだろう。

ニセコや千歳にある蘭越《らんこし》の地名は「ランコ・ウシ（カツラの木・たくさんある）」が語源のはず

である。アイヌ民族はカツラで、民具だけでなく丸木舟も作る。ニセコには尻別川、千歳には千歳川という舟の行き来に適した大きな川があって、その地名と土地柄を頭のなかで組み合わせることで、アイヌ語が日常語だった時代には、陽光を反射する川面やおびただしい数のサケが押し寄せるなかにこぎ出す情景が思い浮かんだに違いない。

アイヌ語には「ニタイサㇰモシㇼ　チカㇷ゚サㇰモシㇼ」という言葉がある。森（ニタイ）もなく、鳥（チカㇷ゚）もいない国土を指し、本来はアイヌ（人間）が暮らしている国土とは違う、悪い化け物を追放する先で、砂漠のようなところが想像されていた。いつのまにか人間は、自分たちの土地をニタイサㇰモシㇼ、チカㇷ゚サㇰモシㇼに変えつつあるのではないのか。それはあまりにも皮肉である。

神々が姿を消し、銀の滴も金の滴も降り注ぐことがなくなったところに、今度は放射能という、恩寵とは正反対のもの、いわば「毒」が降り注いだ。ここにきて、私たちの大地は二度にわたる喪失を経験することになったのだ。

*

じつは東日本大震災の津波被害とそれに伴う福島第一原発事故は、人々が伝承をおろそかにしたことが少なからず影響している。

「昔、大津波があったとき、いちょうのてっぺんさ、舟つないだんだと（福島県相馬市黒木の諏訪神社に伝わる伝承〕[★13]「大津波のときに神体が舟をあやつって山頂に移ってきた〔相馬郡新地町福田地区の地蔵森山頂に伝わる伝承〕[★14]といった津波伝承が福島県の津波被災地には点々とあった。

原発が立地する双葉郡大熊町の内陸部にも「昔、大津波の時、畑で魚が獲れたり、森で貝が拾えた」[★15]とする「魚畑《いよばたけ》からかい森」伝承があり、それは大熊町史にも記述されていた。なのに、そういう場所に原発が造られ、津波に対して無防備であり続けた。それはなぜなのか。いまならわかる。それは土地の人たちが物語を語らなくなり、伝承を忘れたり、信じなくなったからである。

いや、信じなくなったというよりも、信じなくさせられたと言うべき構図もあった。

一九八〇年代後半から九〇年代後半にかけて、津波を扱った専門書などから、福島県内や宮城県の県境を被災地とする伝承に基づく記述が消し去られる状況が生まれた。

例えば、研究者必携の書である『日本被害津波総覧』の一九八五年初版「一六一一年慶長三陸津波」の項に挙げられた「阿武隈川に津波遡上し、海岸から七キロメートル内陸の千貫松〔宮城県岩沼市〕まで津波上がる。相馬、今泉〔仙台市若林区今泉〕の村内の家ほとんど流出。五〇余人の死者みつかる。中村〔相馬市中村〕の海岸村落で津波被害」との記述が、一九九八年の第二版ではすべて削られ、あたかも福島県内やすぐ北の宮城県南部には津波被害がなかったかのような印象を与えるように書き換えられている。理科年表でも同様のことが起きた。[★16]

裏づけが取れない口碑伝承に拠らず、科学的に実証できるものに絞って記述したとの見方もできなくはないが、この変遷を指摘した東北学院大学の岩本由輝名誉教授は「学界の動向が反映しているのであろうが、そこにはある種『政治的』なものを感じないわけにはいかなかった」[★17]と述べている。

時代は、一九九三年の北海道南西沖地震で想定外の高い津波が発生し、多数の犠牲者を出したことから、原発の津波脆弱性にも目が向けられてきた時期と重なる。政治的な力がそこに働いたのかどうかはわからないが、中国電力島根原発1号機、2号機と並んで、想定を超える津波に対する余裕がまったくない高さに造られた福島第一原発をもつ東京電力にとって、過去の福島の津波伝承と南西沖地震という、「不都合な真実」から津波対策が提起される事態は悩ましかったはずである。津波の想定を引き上げるべきいくつかの場面があったにもかかわらず、結果的に東京電力は消極的な受け止めしかせず、大震災の津波高に見合った想定引き上げは最後までしなかった。

東日本大震災、とりわけ福島の原発事故で、新しい価値観を築く必要がこれほど強く認識されたのに、人々は生き方を変えられないでいる。一方、これまで見てきたように、アイヌ民族の精神文化はそうした意識変革に大切なものを間違いなく含んでいる。にもかかわらず、それに見合った発信力がもてないでいる。その要因はなんなのか。

答えはこの大地が知っている。物語が語られなくなったのではない。人々が語りを信じなくなった。あるいは、語ることを封じられた。共にこの地に生きるものたちとのつながりが断ち切れたのではなくて、生き物たちがすみにくい環境を人間がつくり出し、この地から追い出し、消滅させてしまった。祈ることをやめたのではない。人々が自然や科学技術への畏れをなくすにつれて、祈りを受け取るカムイたち（神々）が恩寵を降らせられなくなったのだ。

第六章　消滅した集団「北千島アイヌ」

「その昔この広い北海道は、私たちの先祖の自由の天地でありました。天真爛漫な稚児の様に、美しい大自然に抱擁されてのんびりと楽しく生活していた彼等は、真に自然の寵児、なんという幸福な人だちであったでしょう」★1

そこに込められているのは、過去を羨《うらや》むノスタルジックな思いだろうか。いやいや、祖先がもっていた自由の天地が失われた悲しみこそ読み取らなくてはならない。

これは、知里幸恵が『アイヌ神謡集』に日本語で付した前文の書き出しである。出版されたのは一九二三年だから、いまから九〇年以上も前である。その時代に、すでにアイヌ民族にとって自由の大地は失われ、人々の幸福は過去のものになっていたのだ。

前文はこう続く。

「冬の陸《おか》には林野をおおう深雪を蹴って、天地を凍らす寒気を物ともせず山又山をふみ越えて熊を狩り、夏の海には涼風泳ぐみどりの波、白い鷗《かもめ》の歌を友に木の葉の様な小舟を浮べてひねもす魚を漁り、花咲く春は軟らかな陽の光を浴びて、永久に囀《さえ》ずる小鳥と共に歌い暮して蕗《ふき》とり蓬《よもぎ》摘み、紅葉の秋は野分に穂揃うすすきをわけて、宵まで鮭とる篝《かがり》も消え、谷間に友呼ぶ鹿の音を外に、円《まど》かな月に夢を結ぶ。嗚呼なんという楽しい生活でしょう。平和の境、それも今は昔、夢は破れて幾十年、この地は急速な変転をなし、山野は村に、村は町にと次第々々に開けてゆく」

幸恵がアイヌ神謡集の第一話にシマフクロウ神の物語を据えたことは先述の通りである。物語は昔の富める者がいま、貧乏になっているという設定である。その貧乏人がカムイの力、恩寵によってかつての隆盛を取り返し、再び豊かな暮らしに戻る——そんな展開に、幸恵は抑圧され衰退しつつあるアイヌ民族の「いま」を重ね合わせたのではなかったか。

私たちアイヌ民族は奪われ、虐げられ、差別されている。いまはそうであるけれども、本当は気高い人たちの子孫なのです。豊かな暮らしを営むに値する民族なのです。いつか再びそんな時代が来ることを私は願っているのです——そんなメッセージを幸恵は前文のあとにシマフクロウ神の物語を据えることで発しようとしたのではないか。

アイヌ神謡の数々を日本語に訳して文字に起こした幸恵は、アイヌ語が日常語でなくなりつつある時代に現われた完全なバイリンガルだった。非常に優れた言語感覚の持ち主だったことはもちろんだが、バイリンガルであるがゆえに、生きたアイヌ語世界を日本語に正確かつ美しく置き換えることができたのである。

だが、文化がものすごい勢いで失われていくその時代を生きただけに、民族の衰退を嘆き悲しむ気持ちもまた誰より強かった。

*

歴史をさかのぼれば、和人（日本人）の進出に抵抗したコシャマインの戦い（一四五七年）、シャクシャインの戦い（一六六九年）、クナシリ・メナシの戦い（一七八九年）と、三度に及ぶ決起が武力と奸計《かんけい》で潰《つぶ》され、アイヌ民族は江戸時代には松前藩配下の商人によってニシン漁場で酷使され、生業である狩猟やサケ漁、山菜の採集にかかわる余力も資源そのものも奪われた。苛酷な弾圧や差別、同化政策はロシア人からも加えられた。そのころアイヌ民族の居住域は北海道から樺太（サハリン）、千島列島にまで及んでいたからだ。

北海道と樺太のアイヌは和人から、北千島アイヌはロシア人から蚕食され、衰退に継ぐ衰退を余儀なくされていく。

明治時代に入ると状況はさらに悪化した。土地を奪われたうえに、主食のサケやシカを取ることを禁じられ、クマを獲る仕掛け弓も使えなくなった。さまざまな風習が禁じられ、多くの人が慣れない農業に駆り立てられて貧困に甘んじるほかなかった。学校では日本語以外は使われず、親や祖父母は子どもにアイヌ語で語りかけるのをやめ、夜な夜な語ってきたさまざまな口承伝承もだんだんと密やかにしか披露できなくなった。

こんなありさまで、はたして精神文化が発信できるだろうか……。

＊

アイヌ文化は素晴らしい、だが、一方でどれほどの差別や抑圧を受けてきたか。それを最もストレートに口に出せるのは和人でありながら、アイヌ民族に育てられ、アイヌの精神文化を体得した人かもしれない。

その一人とおぼしき人が釧路市で長くアイヌ儀式の祭司を務め、地元、春採のアイヌ古式舞踊釧路リムセ保存会の会長にも就いた八重清次郎エカシ[★2]である。ちなみにリムセはアイヌ語で「踊り」を意味する。

和人の両親は釧路地方の音別に入植して一九二四年に八重さんを授かったが、農業を続けられなくなって青森に戻った。そのさい、生後一週間の八重さんを隣町白糠《しらぬか》のアイヌ女性に預けたのだった。

「私の実父母は青森県の人で、どんな事情があったのかはわかりませんが、私達子供三人を他人にくれて自分達は青森県に帰りました。私は白糠町の磯トシと云う人（養母）にもらわれました。養母は毎日御飯をかんでは幼い私の口に入れて育ててくれたと言うことです。そのおかげで私は一人前に成長することができました。

物のない頃ということで育ての親はどんなにか苦労したことでしょう。あるとき養母が私に『ミルク』を飲ませたいと町に買いにゆきましたところ商店の人にアイヌには売りませんと断られて泣きながら帰ってきたと話したことがありました。私はまさかと思い八歳のとき養母と町に買い物に行きましたが矢張《やはり》アイヌの人には売りませんと言われどうしてアイヌはこのような差別を受けなければならないのかと思いました。けれども私は良い育ての親にもらわれてしあわせ者でした。

育ての親の愛情によって私も八歳になり白糠小学校にあがりましたが、この学校はアイヌばかりでした。生徒は八十人でした。私は一里半の道を歩いて通学しました。ウタリ〔アイヌ〕の子供達は良い人ばかりでした。けれども学校の帰りになると和人の子供達が待伏せして私をアイヌの子供と言っていじめたのです。

川にも投げ込まれ本もノートもつかえなくなり学校にも行けないこともありました。どうして私ばかりがこんなにいじめられるのかと養母に聞きました。養母はお前はアイヌの子供なのです。和人の子供に負けないで学校に行きなさいと言いました。それから私はアイヌであるんだと思い学校に行きましたがそれからもよくいじめられました。この悲しみは忘れることは出来ません。十二歳のときに養母が病気になりましたが、薬を買うお金もないので私が一年間五十円の約束で十勝に奉公に行きました〔その後、一年たたず養母の磯トシは亡くなっている〕。

北海道には和人の子供がアイヌに育てられ成人となった人が沢山《たくさん》おりますが、みんな和人に戻ります。然《しか》し私はアイヌの養子であり何よりも私を育ててくれたアイヌの恩は忘れない。私はアイヌである。その為にはアイヌ民族の伝承文化を伝えることに一生懸命になることだと考え、『アイヌ文化を残そう』と一軒一軒一人一人にお願いに歩きました。みんなは喜んでくれ昭和四十二年〔一九六七年〕二月二十六日……みんなの気持ちがひとつになり『釧路リムセ保存会』が出来たわけです。

私は昔のしきたりのカムイを祭ってあげたいと思い昭和四十三年〔一九六八年〕九月二十六日にヌサ〔祭壇〕をこしらえて祭りをしております。いまは昔のしきたりを知っている方はおりません。私はウタリの方の一人でも多く昔のしきたりを覚えて欲しいと思ってます[★3]」

差別のあまりのむごさに読んでいて涙が出てくる。差別にくじけなかったばかりか、「自分はアイヌだ」と公言するに至った八重さんにとって、アイヌ文化は本当にかけがえのないものだったのだろう。

この時代、北海道に入植した和人のなかには、貧しさにあえぎ、子どもを育てる余力さえない家も少なくなかった。アイヌ民族の家に預ければ、自分の子ども同様に食べさせてくれる、育ててくれるということが流布し、実際そうした人がかなりいたのである。

自分たちを抑圧した張本人であるはずの和人をそれでも恨まず、幼い命をむざむざ失わせるわけにいかないとアイヌ民族はそういう子どもを引き取り育てたのである。

ところが、そんなアイヌ民族に対して、和人は冷酷な仕打ちで応えた。相手がアイヌの家の子というだけで牛乳さえ売らず、和人の子どもたちは通学路で待ち伏せし、よってたかって勉強できなくさせるような行為を繰り返したのである。

相手を恨まないという姿勢は、知里幸恵にもあった。『アイヌ神謡集』の前文の続きにはこうある。

「太古ながらの自然の姿もいつのまにか影薄れて野辺に山辺に嬉々《きき》として暮していた多くの民の行方もまたいずこ。わずかに残る私たち同族は、進みゆく世のさまにただ驚きの眼をみはるばかり。しかもその眼からは一挙一動宗教的感念に支配されていた昔の人の美しい魂の輝きは失われて、不安に充ち不平に燃え、鈍りくらんで行手も見わかず、よその御慈悲にすがらねばならぬ、あさましい姿、おお亡びゆくもの……それは今の私たちの名、なんという悲しい名前を私たちは持っているのでしょう。

その昔、幸福な私たちの祖先は、自分のこの郷土が末にこうした惨めなありさまに変ろうなどとは、露ほども想像し得なかったのでありましょう。

時は絶えず流れる、世は限りなく進展してゆく。激しい競争場裡に敗残の醜をさらしている今の私たちの中からも、いつかは、二人三人でも強いものが出て来たら、進みゆく世と歩をならべる日も、やがては来ましょう。それはほんとうに私たちの切なる望み、明暮《あけくれ》祈っていることでございます。

けれど……愛する私たちの先祖が起伏す日頃互いに意を通ずるために用いた多くの言語、言い古し、残し伝えた多くの美しい言葉、それらのものもみんな果敢なく、亡びゆく弱きものと共に消失せてしまうのでしょうか。おおそれはあまりにいたましい名残惜しいことでございます。

アイヌに生れアイヌ語の中に生いたった私は、雨の宵、雪の夜、暇ある毎に打集って私たちの先祖が語り興じたいろいろな物語の中ごく小さな話しの一つ二つを拙ない筆に書連ねました。

私たちを知ってくださる多くの方に読んでいただくことができますならば、私は、私たちの同族祖先と共にほんとうに無限の喜び、無上の幸福に存じます」

幸恵はどこまでも衰退の元凶となった和人を直接、糾弾することはしていない。むしろ、「私たちを知ってくださる多くの方に読んでいただくことができますならば、私は、私たちの同族祖先と共にほんとうに無限の喜び、無上の幸福に存じます」という一文は文脈からみて和人に投げかけられており、せめて自分たちのことを知ってほしいという哀願とも読めなくはない。

＊

幸恵が悲痛な思いを『アイヌ神謡集』の前文に込めた大正末期、「北海道アイヌ」「樺太アイヌ」「北千島アイヌ（千島アイヌ）」の大きく三つの集団に分かれるアイヌ民族のうち、樺太アイヌは北海道への強制移住を経験して大きく数を減らし、北千島アイヌは集団としての消滅に向かっていた。

発信するどころか、それからほどなく一集団が丸ごとこの地上から消えてなくなるのである。これからどれほどの代償を払ったとしても、文化も伝承も生活も復活させることはかなわない。それほどのことをロシアと日本はしてしまったのである。

アイヌ民族が置かれた境遇を最も強く象徴するのが、集団としての消滅を強いられた北千島アイヌである。そうであれば、真っ先に語られるべきはこの人たちの境遇であり歴史であろう。

そもそも北千島アイヌに大きな打撃を与えたのは、ロシア帝国の先兵たちだった。

ヨーロッパ側の一角に封じ込められてきたロシアは一五〇二年、モンゴル帝国の一角を成してきたキプチャク汗国の滅亡で拡張の機を得た。臥《が》薪嘗胆《しんしょうたん》。積年の恨みつらみは、逆襲のエネルギーを生み出した。

ウラル山脈の東側、はるかなシベリアへと目を転じることができるようになったロシアは一五八三年、ウラル山脈の先の草原地帯に陣取っていたシビル汗国を打ち破り、さらに奥へ奥へと進出を開始する。

シベリアを征服したロシアの先兵、コサックの部隊がカムチャツカ半島に勢力を伸ばし、抵抗する先住民族イテリメンを虐殺しながら南端に到達したのが一七〇六年だった。そのすぐ先に千島列島最北端のシュムシュ島がある。さらに一〇〇〇キロ先の彼方には北海道という大きな島がある。おそらくは「イポーニア（日本）」にアプローチするための北からの突破口になるはずだった。

北千島アイヌは一七一一年、シュムシュ島に上陸したコサックの銃器にさらされる。圧倒的な軍事力の前にアイヌ民族の抵抗は空しかった。北千島アイヌはたちまち制圧され、毛皮税を課される身になった。彼らはロシア正教に改宗させられ、ロシア人の名前を名乗るように仕向けられる。一七四五年にはロシア正教の信者が一七四人に達したと記録されている。

つまり、北千島アイヌのロシア化はいまから三〇〇年も前に強制のかたちで始まった。彼らは、ロシアに対する反感、憎悪を奥底に秘めつつ、宗教で懐柔されたがゆえの複雑な内面を合わせもつようになった。

コサックが侵入した当初、北千島アイヌのなかにはロシアの支配からなんとか逃げおおせた人たちもいた。だが、コサックの南下につれて、彼らは南へ南へと追い詰められて行く。逃げ惑う人々をコサックはソシュルィエ（逃散人）と呼んで、探し出しては弾圧し、連れ戻しに躍起になった。

一七六六年に派遣されて来たコサック百人隊長イヴァン・チョルヌイはとりわけ残虐で、男たちを狩猟、漁労に駆り出して毛皮はすべて取り上げ、女性には鳥の捕獲や草の採集を課した。昼も夜も雑役をさせ、わずかな休息時間は皮舟の舟底に犬といっしょに寝かせ、逆らう者をむち打つさまが見られない日がほとんどなかった。

人命を危険にさらすことをなんとも思っていなかったチョルヌイは、翌一七六七年春、風浪がひどいなか、嫌がる北千島アイヌたちにシンシリ島からウルップ島に向けて舟を出すよう命じた。案の定、溺死者と凍死者を出し、北千島アイヌはなんとか逃げなくては命がもたないと機会をますますうかがうようになった。

しかし、逃亡に失敗して捕まった場合の仕打ちは度を超していた。後ろ手に縛り上げられ、舟の中でなぶり殺しにされ、遺体は海に投げ捨てられた。

チョルヌイは「われわれのロシアでは、いつものことだ」と述べて、残りの人々に逃げるとどのような目に遭うか、得々と説教した。

彼は税としてせしめた多数の毛皮を持って帰国したが、コサックの通訳がその残虐非道ぶりを当局に通報したことですべてが明るみに出て死刑判決を受けた。ロシア側の一員として同行した通訳さえ見かねるほどの暴虐行為が日々繰り返されていたのである。

だが、ロシア帝国の政府当局に通報があったのはむしろ例外であって、不法行為はことごとく闇に葬り去られていたに違いない。四年後の一七七一年にはとうとう、ロシア人から略奪を受けた北千島アイヌがロシア人を殺害する事件が起きた。千島列島の先住民が決起したとの報告を受けたロシア当局は、略奪に加わったロシア人を罰し、略奪物を北千島アイヌに返還する措置を取る。

その後、ロシアの対アイヌ政策は和らぎ、毛皮税は廃止された。ただ、これは当局がアイヌ民族に対する圧政を反省したからではなかった。日本と関係を結ぶことを最優先に考えた女帝エカチェリーナ二世が、そのためには北千島アイヌの弾圧をやめて懐柔に転じ、ロシアの支配を受け入れさせた方が有利と踏んだからであった。その勅諭は一七七九年に出されている。

一方、蝦夷地（北海道）の支配を固めつつあった日本の勢力は、一七九八年（寛政一〇年）の最上徳内、近藤重蔵らの択捉探検を足がかりに、千島列島の動向をうかがっていく。

南から日本、北からロシア、千島列島を舞台に双方の勢力が次第に緊張を強めていった。

＊

ロシア人がこれほど暴虐だった以上、和人が友好的であれば、人心は間違いなくそちらに傾いたはずだ。ロシア化もロシア語も棄てて、ロシア正教の信仰も揺らいだかもわからない。

悲劇的だったのは、南から漁場経営や対ロシア北方警備でじわじわと支配を強めてくる日本の勢力もまた、アイヌ民族を差別し、労働に酷使した点でロシアとそう変わりなかったことである。

北海道東部と千島列島に連なる国後島で一七八九年、アイヌ民族が一斉に決起したクナシリ・メナシの戦いは、そうした背景のもとで起きた。松前藩から国後場所や北海道東部（メナシ地方）キイタップ場所の運営権を与えられたのは材木業の飛騨屋久兵衛だった。松前藩に多額の金を貸していたが、一向に返してもらえず、代わりに与えられたのが国後などの漁場だった。となれば、損失を取り返そうと現地の人々を酷使し、サケ・マスの水産資源をあらんかぎり獲ることに躍起になるのは当然といえば当然の流れだった。

アイヌの人たちはただ働き同然で雪が降るまで酷使されたうえに、〆粕《しめかす》（肥料）生産の副産物である魚油を折半する約束も反古にされ、自身の生業である漁労や海獣猟に携わる時間さえ奪われ、餓死者も出るありさまとなった。出稼ぎ和人から「働かなければ毒を盛り、釜で煮て殺し、地域を和人居住地にする」と脅しをかけられ、女性たちが支配人らの現地妻として囲われる恥辱と屈辱を味わわされたところに、実際に和人から与えられた薬や酒、飯を口にした長《おさ》らが亡くなったことで、決起やむなしとの切迫した状況に立ち至った。襲撃を受けて、クナシリでは和人二二人が、北海道本島でも和人四九人が殺害された。これを鎮めたのち、松前藩は殺害に関与したアイヌ民族三七人を処刑し、うち八人の首を北海道の南の端に築かれた松前城下の郊外にさらした。

南北両側からの挟撃。島から島へと移動しながら、海獣猟や漁業にいそしんできた北千島アイヌの人々にとって、このころ、すでに支配から逃れる先はなかった。

この心理的圧迫は想像するに余りある。これまで千島列島に渡った人たちの戦う相手は厳しい自然環境であり、いつその身に降りかかってくるかわからない自然災害だった。ところが、いつしか、天災をしのぐほどの人災が襲いかかり、その火の粉がもう防ぎようのないところまで迫ってきたのである。

明治維新で日本に新政府が誕生すると、情勢が変わる可能性が出てきた。だが、その大きな転機も凶と出た。厄災をもたらしたのは、一八七五年、ロシア帝国と新生明治の日本政府が結んだ「樺太千島交換条約」だった。

日本政府は一八五五年の日露通好条約で国境を設けず日露雑居としていた樺太を手放してロシア領と認める代わりに、千島列島を自国の領土とする。千島列島に暮らし、ロシア化されたアイヌ民族は、まったくなにも知らされず、相談もされないうちに宗主がこの日を境に交替したのである。

国際条約の規定で、北千島アイヌは、そのまま千島列島にとどまって日本人になるか、あくまでロシアの支配を選んでカムチャツカ半島に移住するか選択するよう求められた。猶予は三年間である。

彼らが迷いに迷ったのは当然である。千島列島は自分たちの故郷であり、もとより移住はしたくない。だが、とどまって日本国籍を選ぶことは、日本政府の支配下に入ることを意味する。

北海道本島や国後島で同胞がどれだけ酷使されてきたか、まったく耳に入っていなかったわけはない。かといって、冷酷な毛皮税や逃亡者の連れ戻しなど過去に圧政を敷いてきたロシアの支配下に居続けることも幸せな暮らしとは縁遠い。なにより故郷を去らなければならないことがつらかった。

一方で、いかに圧政があったとはいえ、彼らがロシア正教を信仰し、少なからずロシア化していたこともあった。このことは選択をさらに複雑にしないではいなかった。

結局、一部の人々がロシア国籍を選んでカムチャツカに渡り、残りの一〇〇人ほどが北千島に残って日本国籍を選んだ。

千島に残った人々の最大の思いは、故郷に残りたい、その一心だったはずだ。郷里にとどまりたいがために、未知の日本政府の支配を選んだのである。ところが、日本政府は国境地帯、とくに今後、敵対するかもしれない国、ロシアとの国境にロシア化された人々が暮らすことをよしとはしなかった。

一八八四年七月、日本政府の役人が大挙して北千島を訪れ、色丹島に移るよう彼らを強く説得したのは、そんな理由からだった。ついに折れ、全員での色丹移住を了承した一〇〇人足らずの人々には、慣れない農業や牧畜の暮らしが待っていた。仲間は病気や衰弱でつぎつぎ斃《たお》れていく。翌年末までに二〇人が亡くなり、一八八九年までに死亡者は四九人に達した。五年ほどで半数が亡くなるという異常な状況である。

色丹島で暮らす北千島アイヌの人たち（鳥居龍蔵博士撮影）

彼らはじき、色丹島のことをヌーペモシㇼと呼ぶようになった。「ヌ」は目、「ペ」は「滴」を意味する。目の滴、つまり「涙の島」という意味である。

涙の島での暮らしもまた、それほど長くは続かなかった。太平洋戦争末期の一九四五年八月九日、日本はソ連から宣戦布告され、千島列島——国後、択捉、さらに歯舞、色丹島までがソ連軍の侵攻を受ける。生き延びた北千島アイヌの人々は島民ぐるみで北海道に脱出するほかなかった。

へその緒を失った集団は、離散を食い止められない。北海道本島のどこにも拠点というものをもたなかった北千島アイヌの人々は戦火は逃れたものの、分散し、なんら組織を作ることなく、日本社会に紛れていった。

＊

「消滅した集団——北千島アイヌ」。この悲劇的な歴史に衝撃を受け、私がその血を汲む末裔《まつえい》を探し始めたのは北海道新聞の駆け出しの記者として北海道東部の北見市に赴任していた一九九一年の春だった。あまりにその歴史、この事実が知られていないことがわかると、消滅の背景を解明し、教訓を世に伝え残したいという思いがさらに強まった。

ただ、探すといってもなんの手がかりもない。離散から四五年を超える歳月が経っている。ひとつ思いついたのが、人々がロシア正教を信仰していたことだった。もしかしたら北海道内に点在するロシア正教会に痕跡が残されているかもしれない。そうひらめいた。

ソ連軍の侵攻で色丹島を追われた人々が最初に上陸した場所とすれば、北海道本島の東の端、根室の周辺であろう。まずは根室に近い中標津町の上武佐ハリストス正教会を訪ねてみた。

教会の傍らには伝教師の村上賢次さんが住んでいて、こう教えてくれた。

「そう、戦後、千島から引き揚げてきた人たちが教会の周囲に住み着きましてね。八戸かそこら入ったんですよ。いまじゃ一軒もなくなっていますがね。ここで亡くなった人もいるし、出て行けば便りも来なくなるし……。でも、純粋なクリル人（北千島アイヌ）は一人しかいなかったんです。夫婦で引き揚げてきて、うちもない、なにもないということで教会に住んでいたんです。教会守のようなかっこうでね。田中さんっていう人で、奥さんの方がクリル族だったんです。キヌさんっていいました。しゃべらない人だったけど、行けばごちそうしてくれる世話好きな人でね。でも亡くなられました」

キヌさんと島でいっしょに暮らしていた人が根室に健在だった。石井徳雄さんといって和人である。その石井さんからキヌさんは、色丹移住から一〇年後の一八九四年に生まれたことや、ロシア名の旧姓がストロゾフだったこと、一九七二年一月一九日に根室の隣保院付属病院で亡くなったことを教えられた。生年が正しければ、七七歳ぐらいである。

移住7年後、1891年の色丹島シャコタンの集落
（『流亡——日露に追われた北千島アイヌ』北海道新聞社）

遺体は石井さんが上武佐のハリストス教会に運んで、ロシア正教式の通夜（パニヒダ）が行なわれた。そのとき、集まった信者たちは口々に色丹島での暮らしを思い起こしたという。

「キヌさんは斜古丹から三里（一二キロ）ぐらい東側のところで手かごを持って夫婦でノリを採ってたな。ノリは資本がかからない方法だった。だから始めたんだろう」

夫の忠太郎さんとキヌさんは勤めていた色丹島の肥料工場で知り合い結婚した。ただ、忠太郎さんは根が人の下に立つのが嫌いなたちだったので、工場をやめ、二人でノリやフノリを採っては干し、それを売って生活するようになったという。

その暮らしも一九四五年のソ連侵攻でやめざるを

得なくなり、北海道への引き揚げ後はしばらく知床半島の番屋に小屋番兼飯炊きとして住み込んだのだった。

キヌさんはもともと無口な人だったが、北千島や民族の話になると、より口が固くなったと石井さんは語った。

「世話好きな人でね。だんなに先立たれ、亡くなる前の数年間は、病院で隣の小児まひの子どもの世話に明け暮れていた。いま、考えると民族のことをいろいろ聞いておけば良かった。でも、話が民族のことになると忘れたと言ってなにも話してくれなかった」と石井さんは振り返った。

キヌさんをそれほど頑なにしたのはなんだったのか。北千島アイヌの受難がそれだけ壮絶で、悲惨だったからではなかったか。樺太千島交換条約から一〇〇年もたたない短期間のうちに、民族集団が離散し、消滅してしまったのだから……。

悲史をひもときたいと、私はその後も北海道内で北千島アイヌの血を引く人を探し続け、なんとか二人の所在を突き止めることができた。だが、そのうちの一人、高齢の男性は「誰に聞いてここに来た。話すことなんかない。帰れ」と叱りつけるような口調で玄関先から私を追い出した。

北千島アイヌの人々が受けた苦難の数々を知るだけに、拒絶しないではおれない相手の心の内はよくわかる。粘る気持ちにはなれなかった。

もう一人は女性だった。電話では「会いたくない。話す過去はない」との返事だったが、直接、家を訪ねると中に入れてくれた。

私が北千島アイヌの歴史をかいつまんで話すと、ようやく口を開いた。

「前から不思議には思っていたんです。色丹にいたのは父方で、祖母はロシア語を話していたと聞いたことがあったのです。そんな歴史があったことは知りませんでした。そういえば、父が『自分はかわいそうな人間なんだ』と言ったことがありました。父はロシア正教の信者でもありました」

父親と違って、自分には信仰がないと言う。

「五〇歳を超えてから脳出血をやったんです。軽かったけど、口がまひしてしまって。それから数年たち、体が弱ってくると、父は過去の大切なことを伝えようとしているように見えました。でも、言おうとして口を開いたときにはなにも言えなくなっていたんです」

過去をたどる手がかりになりそうなものはなに一つ残さず、六一歳で世を去ったという。

この二つの出来事があって、私はもはや北千島アイヌの血を引く人から直接、聞き取りをすることは無理と観念した。そもそも探し出すことすらかなわないのだ。こと北千島アイヌに関して言えば、こんな状況で文化発信など最初からできない相談である。

アイヌ民族博物館に学芸員として勤めていたころから、私は自然との調和をなにより大事にするアイヌ文化がもつ持続性を確信していたが、ここでひとつ、大きな齟齬《そご》を抱えることにもなった。

それは、持続性を大事にしてきたはずのアイヌ社会がなぜに衰退し、北千島アイヌに至っては集団として消滅するのか——である。アイヌ民族や縄文人の精神文化が命のつながりを大事にし、自然（神々）を敬い、平等性をなにより重んじる以上、内的要因では社会の持続性は簡単には揺らがない。だから、ことさら近現代の社会構造や国家がもつ強い作用にその原因を求めたくなる。

だとすれば、アイヌ文化や先住民族の精神世界をどのように捉えれば未来につながっていくのだろう。あるいはアイヌ文化の復興はどうすればかなうのだろうか。私はジレンマの森に迷い込み始めた。

第七章　自然の征服者とは共存できない

あり得ないと思っていた出会いが巡ってきたのは一九九六年のことだった。

取材で知り合った女性が、ルーツは色丹島にあると語り出したのだ。そのとき、彼女は二二歳で、島の歴史をほとんど知らずにいた。私はすでに北千島アイヌの歴史について調べたことを『流亡——日露に追われた北千島アイヌ』（北海道新聞社刊）という一冊の本にまとめていたから、彼女にはぜひとも島の歴史、とりわけアイヌ民族の悲劇を知ってもらいたいと、話して聞かせるようになった。

そんなある日、彼女は自分がアイヌ民族であること、けれども家族のあいだではそれが絶対の秘密になっていることを打ち明けてきた。私はもちろん驚かずにはいられなかった。

ただ、彼女は北千島アイヌの歴史、文化はもとより、ルーツに当たる祖母から伝承もなにも伝えられていないと言う。

彼女にとっては告白することだけで大変な決断だったに違いない。いま、子孫としての意識をあまり強く促すと、かえって重圧をかけかねない。いつか祖先に対する気持ちが整理され、歴史に向ける視線も変わってくるときがくるかもしれない。ほのかな期待を寄せつつ、私は静かに待つことにした。

彼女はその後、北海道から首都圏に移り住んで結婚し、子どもをもうけ、アイヌ語でカッケマッ（淑女、婦人）と呼ばれる年齢になった。

＊

彼女は鋭い感性と高い知性を備えていた。それは、知里幸恵とどこか通じるものを感じさせずにいなかった。こちらからふと投げかけた言葉、私がこれまで書いてきた文章に対して、やにわに本質を突く質問を投げかけられ、たじたじにさせられることもしばしばだった。

二〇一一年の東日本大震災後、しばらくぶりに会うことになったのは、できたばかりの拙著を手渡すのが目的だった。本のタイトルは『〈ルポ〉原発はやめられる――ドイツと日本　その倫理と再生可能エネルギーへの道』。福島第一原発事故後、メルケル首相の指示で倫理委員会を設置し、哲学者や社会学者の議論を通じて脱原発の道を選び取ったドイツの実例を紹介し、日本も倣うべきだと提案するものだった。

その後、自然との調和で生きてきたアイヌ民族の精神文化がどこかで役立つかもしれないと考え始め、私の視線はこのころ、エコロジーや環境問題からも脱原発へと導かれていた。

彼女はその日、震災の被災地に行って何人かの被災者から話を聞いてきたと告げた。と同時に、人々の忘れっぽさに心を痛めているとも語った。

「震災の記憶を残してくれるならって、つらい話を聞かせてもらったのに、東京に戻ってきたら、みんな忘れたいんだって。たった二年か三年でもう記憶からなくして、あれはなにもなかった、みたいになってしまった。私がおばあちゃんになるぐらいまでは考え続けるのかと思っていたのに……」

それに思いがけない言葉が続いた。

「私、アイヌの勉強を始めたんです。家を出るとき、アイヌの人たちは家の魂に『行ってくるよ』って言うそうですね。なんとなく、やっているんです[★1]」

被災地を訪れたことがなにかの作用を及ぼしたのか、彼女は民族の魂のようなものを見つけ出そうと努力し始めたようだった。

アイヌ民族は、チセ（家）を建てるときにチセサンペ（家の心臓）と呼ばれる魂（イナウ）を家の柱に入れ、エンジュの木でご神体となるイナウを作ってそれにも心臓を入れて祀ったと、伝承者の萱野茂さんが書いている。家はただ住むためのものではなく、生きて見守ってくれるものと考えているのだ。どこかで聞いたのか、なにかで調べたのか、彼女はそのことを知り、自宅で家の魂に話しかけているというのである。

いまだったら、アイヌ民族の生き方や彼女の祖先をめぐるもっと深い話ができるかもしれない――。そう思った私は釧路地方鶴居村のアイヌ伝承者、八重九郎さん[★2]の親族がいま、チセをつくっていることや、完成したら魂を入れるチセノミ（新築祝いの儀式）を行なうので参加しないかと言われていることを伝えた。

以前、アイヌ文化研究者の藤村久和・北海学園大学名誉教授から釧路地方白糠の伝承者四宅《したく》ヤエフチ[★3]について聞いた話も口を突いて出た。

「研究者の一人が、四宅ヤエさんっていう白糠のフチをなにかのときに車で札幌に連れて行ったときがあったんだって。ただでさえ何時間もかかる道のりだ。なのに、ヤエさんは移動しているときに山を見つけたら車を止めさせてその山にお祈りする、また次の山に差し掛かったらそこでもお祈りする。だから、札幌に着くまでものすごい時間がかかったんだって。でも、きっとそうなんだろうなって思うよ。アイヌ文化を勉強しているとそれがすごくよくわかる」

彼女は「さすがですね。きっとそれがアイヌらしいところなんですね」と反応して、意外な論評を加えた。

「滅ぼされちゃうような弱い人たちだった、ということかな。真面目で律儀なところがあった人たちだった。儀式を大事にして。だからこそ……」

「いや。この、いまの時代は、祈りというか、畏れというか、そういうものをなくしたがゆえに、人間はなんでもできると勘違いしてしまった。福島の原発事故だって、自然に対する畏れや祈りをなくしてしまったから起きたんじゃないかって僕は思うね。現代の日本人の方がよっぽど不幸だし、社会の持続性という観点からみても危ういんじゃないかな」

思わず遮った私の反論に、彼女は言葉を継いだ。

「でも、アイヌが理想になるでしょうか。知里幸恵さんが美しい日本語訳を残したことで、アイヌの精神性は高く評価されています。でも、身近に眺めた祖母や父が、アイヌ民族の立ち姿の印象とはずいぶん違っていて、どう考えていいかわからないんです。私の身のまわりではアイヌの血統であることを公言したり、アイヌとして活動したりする人が誰もいないので、ことさらそんなことを強く感じるのかもしれません。それに、子孫であっても、もう、アイヌとは言えないと私自身は自分のことを感じています……」

踏み出せない一線がまだ引かれている——。そう考えて、私はこれ以上話を進展させず、話題を切り替えた。

＊

彼女が見て取ったように、祈りに徹し、自然の前に畏まる生き方がかえって災いして、北千島アイヌは集団としての消滅の道をたどり、北海道やサハリンのアイヌ民族も抑圧の辛酸をなめさせられることになったのだろうか。記憶を大事にし、親から子へと伝承していくことに多大な精力を注いできたことが、かえって不幸を招いたと言えるのか。そうであれば、アイヌ民族の精神文化に持続性の手がかりを読み取ろうとする試みさえも、やはりそれ自体どこかに矛盾をはらんだものにならざるを得ない。「アイヌが理想になるでしょうか」という投げかけは、そうした「根拠の薄弱さ」とも言えるところを突くものだった。

だが、このねじれは、集団を消滅させてしまうほどの強力な圧力が外から加えられたからこそ生じたと見るべきではないのか。アイヌ民族の生き方や精神文化に衰退を招く要因が内在するのではなく、外圧のあまりの激しさに先住、在来の民が抗しきれなかったというのが実のところであるならば、矛盾とも言えなくなる。そう読み解けば、依然、アイヌ民族の精神文化そのものは私たちの社会に訴えかける力を持ち得ると言えるのではないか——。

私にはそんな解釈も成り立つ余地があるように思えた。

いくつかの問題に頭を巡らせ、私はメールで考えを伝えた。

*

「知人の学校の先生、平山裕人さんが著した『アイヌの歴史』にこんな言葉があります。『知里幸恵さんの「アイヌ神謡集」の序文は、昔のアイヌの生活が自然とともに、どんなに楽しかったか、美しい言葉で述べています。けれど、二〇世紀の後半、その世界をそのまま、アイヌの世界だと信じ、「アイヌは平和で静かな理想郷にいた」という考えが浸透しました。実際には、アイヌには同族間の戦いもあり、階層もありました。ですが、「文明」が忘れた奥深い大切なモノがしまいこまれていることも確かです』
平山先生の一文は、理想化せず、貶《おとし》めもせず、虚心坦懐《きょしんたんかい》に実像を見極めよという教えで、その通りだと思います。
お宅を訪ねたアイヌの人たちのことをいま、一人一人思い起こしています。
よく訪ねたのは、旭川の杉村京子さんのお宅でした。そのころは病気がちだったけれども、人間的には実に太い人でしたね。離婚後、観光地の昭和新山で木彫りで生計を立てていたとき、アイヌ民族の連帯を呼びかける民族詩人の森竹竹市エカシと出会って、自分が伝統文化から逃げてきたことに気づいた。それから郷里に戻って母親のキナラブックフチから手仕事や口承伝承を学んだ人です。山に入ると生き生きして、山菜を採り尽くしてはいけないよ、ほかの生き物、あとから来る人のために残して置かなくてはいけないよと教えられました。失敗談も醜聞に近いこともすべて話してくれて、『書いていいよ。本当のことだもの。これだけ生きてくればいろいろあるさ。いいことばかりじゃない。悪い

母親の杉村キナラブックさん（左）と写真に収まる京子さん（杉村京子さん提供）

ことだってある。それが当たり前さ。それが普通の人間さ』と言ってくれた。人生で最良の出会いの一つだったといまでも思っています。

病気がちといえば、日高の静内町（現新ひだか町）の葛野辰次郎エカシ[★4]は農家だったんですけれど、体が決して強くなく、生活も大変だったんじゃないかと思います。すごいのは、伝統的な儀式に伴う祈りだけでなく、地震が起きた、飛行機が墜落して人が亡くなった、雪崩に人が巻き込まれた、台風で被害が出たと、災害や事故が起きるたびに被災者や遭難者に心を痛め、事態を収める祈りを捧げてきたことです。社会問題にも関心を寄せ、一九八八年に北米の先住民ホピの人たちが被爆地の広島から原発のごみの処分研究施設がある北海道北部の幌延町まで「核廃絶を求める大地と命のためのラン」を行なったさい、ゴールの幌延町で彼らを迎え、カムイノミを行なったのです。さらに、さまざまな祈りや口承を何篇かずつ『キムスポ』という小冊子にまとめて自費出版してきた功績も見逃せません。

辰次郎エカシが亡くなったあと、いまは息子の次雄《つぎお》さんが代わりに祭司を務めています。民族復権の運動家、樺修一さんの死後の祈りを札幌でアイヌ式でやったときにも祭司に呼ばれていました。

その樺さんと仲良しだった豊川重雄さんは札幌で木彫りをしつつ、秋のサケを迎えるアシㇼチェㇷ゚ノミの儀式の前は浮き浮きして石狩の河口にサケ獲りに出かけていたことが思い出されます。アイヌ民族にとって儀式は本当に大事なのです。アシㇼチェㇷ゚ノミを復活させた札幌ア

『アイヌ神謡集』の録音をはじめ、文化伝承に熱心に取り組んだ中本ムツ子さん

サケを迎えるアシㇼチェㇷ゚ノミの祭司を務める葛野辰次郎エカシ

イヌ文化協会は、儀式用のサケだけはアイヌ民族が獲れるよう、みなで北海道庁に認めさせたのです。本来はアイヌ民族が暮らしていくための分のサケは獲ることを認めるべきだと思いますが、とにかく参加者に一人一本ずつサケをお土産に持たせるんだと豊川さんは張り切っていましたね。残念ながら、いまは体調を崩して会えないでいます。★5

千歳の中本ムツ子さん★6は支笏湖へ向かう道路沿いに自宅兼ドライブインを経営していたんですが、僕が通った時分は店をたたんだあとでした。アイヌ語やアイヌ伝承を年長のお年寄りから聞いてはみずからのものにして、音声に残す活動を続けた人です。CD付きの『アイヌ神謡集』で吹き込みを担当したのも中本さんです。行くと本当にうれしそうな顔をするんです。いつもコーヒーをいれてもらい（さすが本業だけあっておいしかったですよ）、庭のギョウジャニンニクやシドケ（モミジガサ）をお土産に持たされて帰りました。明るくて、世話好きで、話し好きの方でした。

北海道知事を相手取ったアイヌ民族共有財産訴訟[★7]や北海道大学を相手にアイヌ遺骨返還訴訟[★8]を闘う一方、生活館でアイヌ民族の生活相談員をしていた小川隆吉さんの札幌のお宅も訪ねています。ずいぶん差別やつらい目に遭った人です。行けば「ああ、小坂さん、来てくれたのかい。うれしいよ」って手を握り、抱き合うんですが、話をしているうちに民族が置かれてきた境遇をめぐってだんだんと怒りがこみ上げ、声を震わせることもありました。自分の思いを新聞のチラシの裏に何枚も書いて、壁に貼っているんです。

共有財産訴訟での訴えは、それこそ語り継がれるべき財産だと思います。小川さんはこんなことを言いました。「アイヌモシㇼ（人間の大地）が豊かで平和なときがいかに長かったことか。そのなかには、神のおきて、自然のおきて、アイヌのおきてが息づいていました。裁判長、その時代にはその時代の立派なおきてがあったことを知っていただきたいのです。アイヌ民族蔑視《べっし》の差別政策と同化政策はアイヌを消滅させる『滅亡政策』でした。どれほど多くのエカシやフチたちが、苦しみと屈辱のなかで死んでいったことか[★9]」。

遺骨返還訴訟の方はいまも続いています。

毎年秋には、釧路管内鶴居村の八重清敏さんが自宅で行なうカムイノミに泊まりがけで行っています。八重さんは村の中心部から四、五キロ離れたところでアイヌ民族の伝統技術にのっとった木彫りをしています。アイヌ語で取り仕切られる儀式、そしてそのなかでアイヌ語でひたすらカムイと向き合ってカムイに向けて発せられる祝詞《のりと》（祈りの言葉）には、ものすごい言葉の力があります。

今年〔二〇一四年〕、札幌国際芸術祭のオープニングとして旧北海道庁（赤レンガ）前で行なわれたカムイノミの祭司を札幌市から任されたのも八重さんです。アイヌ語で祝詞をあげられるエカシたちを道内各地から集め、しかも同化政策にかかわってきた道庁の前で行なったこのカムイノミは北海道史に残る画期的なものだったと思います。

こうした一人一人が核の部分に文化とか信仰とか、あるいは復権への強い思いをもっているからなんでしょうね。いま、思い起こすと、みなそれぞれなにか矜持《きょうじ》のようなものをもっているように感じます。

たしかにそういう人ばかりでないことは事実ですし、アイヌ民族であるということを意識せずに暮らしていたり、あえて隠して生きている人の方が数からいったら圧倒的に多いとは思います。もちろん、そういう人たちをどうこう言うことは誰にもできません。多くの人が生活、経済面で大変な苦労をしていて、子供の教育においても十分なことがしてやれず、もどかしい思いでいる現実も否めません。それはアンケートに基づく統計でも明らかになっています。

ようやく押し戻せる空気が出てきたのは、北海道ウタリ協会〔現北海道アイヌ協会〕がアイヌ新法の制定運動を起こし、世界的にも国際先住民年などが設けられた一九八〇年代から九〇年代にかけてかもしれません。一九九七年にアイヌ民族を先住民族と認め、その文化を尊重すべきだとする画期的な判決が、アイヌ民族の祈りの地を水没させる二風谷ダム訴訟で出ました。一九九七年はアイヌ文化振興法が制定され、言葉と文化の復興が求められた年でもあります。

さらに二〇〇八年には衆参両院がアイヌ民族を先住民族とすることを求める決議を可決した。その決議を受けて、政府はアイヌ民族博物館がある白老町に二〇二〇年までに民族共生の象徴空間を造り、そこにアイヌ文化やアイヌ民族の歴史を広く国内外に発信する国立の博物館を新設することを決めました。

それはアイヌ民族がようやく認知されてきたことを意味します。アイヌ民族が心構え次第で、かなり肯定的な生き方ができるようになったこと、周りもそれを受け入れる土壌ができつつあることを示していると思います」

＊

アイヌ民族はそれほど弱い存在ではなく、日本社会で近年、復権しつつあることを知ってもらいたくて私はこう綴った。彼女からの返答は次のように記されていた。

「メールありがとうございました。

私が、アイヌに矜持を持ち、声を上げている方たちを知らないだけなんだ、よく知ってから判断しなければと思いました。アイヌの矜恃、その支えが何なのか、その人たちの心のなかがしきりと思われます。

私自身は差別のことはしたい人はしたらいい、そんな感じです。そう言いきることができるほど、今世紀ではアイヌの認知自体がなく、いつ誰に打ち明けても暮らしに支障はない、そういういい時代だと思います。その代わり、考える機会もないのだと解釈しています。

北千島アイヌの末裔は他にもいて、どこかで静かに暮らしていると考えています。その人もきっと尋ねる相手がいなくて、片づかない気持ちでいるんじゃないかとときどき想像しています。私の方はアイヌに詳しい小坂さんと知り合えてラッキーだったと思います。

父方の祖母はアイヌと和人の混血で、北方四島の一つである色丹島出身でした。『北千島アイヌ』という分類に入るのは確かでしょう。でも、祖母は多くの引き揚げ者がそうしたように、アイヌの血を隠して誰にも口外しませんでした。私の父が兄弟から血の秘密を聞いたときは、四十歳過ぎていたそうです。自分の子に隠したぐらいですから、アイヌとしての矜恃もないように思うのです。

古い人達にはいまだに差別があります。昭和世代の私もデリケートな話題という認識ぐらいは持っていました。『アイヌとは統一された民族の名称ではなく、土人の集まりだ』――インターネットで検索するとこんな論旨の文がごろごろ出てきます。蔑視したい人はしたらいい。でも、あまりにも、反論するにも、諦めるにも、材料が足りないのです。

アイヌ自体、数百年も続くやり方で原野に生きていたころと、明治から大正、昭和と同化政策を受けて差別的待遇を受けた後の姿とは、まったく違っているのかもしれません。いつどの時代を本当のアイヌと呼んだらいいのか、どう思われますか。私自身は衰退の部分にのみ光を当てすぎていますね。付け焼き刃で勉強してもわからないことが多く、なにも整理がつきません。できる範囲で勉強しようと思うばかりです。活動している方々の尊い尽力や実績を貶《おとし》める意図はありませんでした」

内容は厳しいものだったが、返事が返ってきたことはうれしかった。「いつどの時代を本当のアイヌと呼んだらいいのか」という問いかけにどう答えるべきか、迷うところもあったが、こう返答することにした。

「文様、あるいは意匠、デザインというのは実に不思議なものだと思います。そうとう大胆に崩したり、アレンジを加えたりしても、どの民族をルーツとしているかが見て取れるからです。形であったり、色使いであったり、描かれている対象であったり……。アイヌ民族に特徴的な文様が使われたタペストリーなんかは、遠目に見てもはっきりそれと見分けがつきます。

変化すること。これは日常、日々のこととしてあります。一部が失われたり、個人がなにかを足すこともあるでしょう。でも、文様の実例でわかる通り、言葉では言い表わせないけれど、変化しても変わらずに秘められているなにかがあるわけです。それを文化の本質《エッセンス》と呼んでもいいかもしれません。長い長い時間をかけて醸成されてきたものだからこそ、個性を超えたオリジナリティーがあって、それがどこかで光を放つのではないでしょうか。

文化の本質と同じように、民族としての生き方の基本だって二世代、三世代ぐらいでは消せないような気がしています。僕がお会いした人たちは、狩猟や漁労で暮らしているわけでなくても、多くの人が自然を大切に思い、身のまわりからどんどん失われつつあるいまの社会のありようを嘆いていました。そういう心のもちようが、意識するしないにかかわらず、根底にあると言って決して大げさではないと思います。

もっと言えば、アイヌ民族ほど直接的ではないけれども、和人の心のなかにもきっと自然と共生して生きてきた縄文人の精神《こころ》が少なからず受け継がれていて、だからこそ、日本人は自然を愛でる特質をもっていると言われてきたのではないでしょうか。いまはそうとう乱開発が進んでしまったとは思いますけど……。

北千島アイヌの人たちがとりわけ苛烈な境遇に置かれ続けたことを考えると、ほかのどの人たちにもまして悲嘆に暮れ、誰が相手ともつかない憎悪を募らせていたことは想像できます。ほとんどの人が口をつぐみ、出自を隠してきたのも当然だと思います。

一九九〇年代にお宅を訪ねたお年寄りの男性から、僕はほとんど追い返されるような体験をしました。短い時間でしたが、年を取って弱った体を震わせ、声には悲憤がこもっていました。人を訪ねてそういう経験をしたことがなかった僕にはショックでしたが、そのとき考えたのは、歴史がそうさせたんだということでした。だから、そういう態度を取るのも無理はないという思いがわいてきて、その人に対して感情的になることもありませんでした。

色丹島への移住後、一九〇〇年ごろの記録には、仏教に改宗させようとした東本願寺の僧侶がどうにもうまく行かず、ロシア正教に対する帰依がそれほど強かったことがうかがえます。ロシア人やロシアという国に対する悪感情とは別に、宗教はひとたび根づくとそう簡単には変えられないんだと思います。

だとすれば、戦後、北海道に引き揚げてきた人たちがロシア正教会を核にコミュニティーを一定程度維持することもあっておかしくなかったと思うのですが、ごくわずかな人をつなぎとめただけで、それもじき、なくなります。突然のソ連軍の侵攻で着の身着のままで島を追われたことや、敗戦直後の社会全体の混乱、教会を核にしようにも仕事がその地にはなかったことなどが重なって離散してしまったのではないでしょうか。

いま、原発事故で郷里からの長期避難を余儀なくされている双葉町や大熊町、飯舘村などの人たちがこれからどうなるのか。そのこととも共通します。

当初は『仮のまち』を新たによそに作ってコミュニティーを維持し、離散を防ぐ計画もありましたが、実現しませんでした。放射能汚染で帰らない選択をする人が増えていく、とくに若い人に多いという状況が長引けば、長期的にはまちの存続が難しい事態に追い込まれることもあり得ると思います。

ただ、民族としても、文化的にも、和人と異なる北千島アイヌの人たちが日本社会で離散していったそのつらさは、福島の人たちの苦悩とは質的に違うかもしれません。

コミュニティーが消滅した、そのことはたしかです。それに伴って、文化伝承が困難になった、それも間違いないと思います。みずから北千島出身のアイヌ民族であることを名乗って活動している人が誰一人いない現状もあります。ただ、『自分はその子孫である』と意識して生きている人は消滅してはいない。

だからなにかの責務がある――と言うつもりはありません。誰もそんなことは言えないでしょう。ただ、その意識があなたにとって否定的な方向ではなく、肯定的な方向に向かっていってほしいと願うのです。なにが肯定的とわかって言っているわけではないところが、弱いのですが……。

東京朝日新聞が一八九九（明治三二）年の一月五日から七日まで三回にわたって、北千島アイヌについての郡司成忠大尉の談話を掲載しています。大尉は一八九三（明治二六）年、北千島に移住を試みた日本人組織『報效義会《ほうこうぎかい》』を率いた人物で、北千島アイヌの人たちと直接の交流があった人です。話は色丹島を治める役人に対する憤りに満ち満ちていて、ひどい圧政があったことがうかがい知れます。

役人は実名では出てきませんが、『色丹戸長』と役職を明記しているわけですから、全国紙で『私、郡司は戸長××氏のひどさを訴える』と仕返しを恐れずに実態を告発しているに等しい。それだけに真実性を感じます。

いまの言葉に要約すると、こういう主旨です。

『北千島アイヌが嫌悪しているのは色丹戸長である。職権を笠に着て、ただただむやみに威張る。哀憐の心がまったくない。アイヌのなかに、戸長なるものは彼らを苦しませるために遣わされたと確信している者がいるほどである。彼らの言うところでは、戸長は島々の猟場の良し悪しや距離、海流、天候の変化、航海の難易すらわからず、尊敬の価値がまったくない人物である。彼らがなにか物申しても一言のもとに叱咤《しった》され、退けられるばかりで、ほかに嘆願すべき役人もいないので致し方ないと諦めている。そうした彼らの困難は実に名状しがたい』

郡司大尉は談話のなかで、北千島アイヌは肉食に依存してきたのに色丹島には狩猟の対象となる陸獣も海獣もいない。彼らに魚を捕って食べろと強いるのはかわいそうだと訴えています。それで数人を試験的に北千島のパラムシル島に戻して猟に従事させたところ、彼らの悦びと満足は実に言葉に尽くしがたいほどだったと述懐しています。

大尉は彼らをみな北千島に戻して狩猟に従事させることを提案しましたが、それは却下されたと伝えています。★10 それどころか、これだけ世話が焼けるぐらいだったら、絶滅させた方がいいという意見をもつ役人さえいたことを明かしています。もちろん、それに対しても郡司大尉は怒り、憤りをもって反論しています。

『殖民部長ら属吏の中《うち》、〔北千島アイヌに〕直接の関係をもつ人に向かってその意見を尋ねると、わが輩一己《はいいっこ》の考えとしては、彼らはかれこれ保護を与えてそのため少なからぬ面倒をみるよりもむしろ、絶種するのが得策だろうと語った。これは暴説である。物の理非をわきまえない判任官社会の手に一任するのは危険と思うとともに、惨酷一偏の絶種説を有する者があることに至ってはこれからのことを憂えざるをえない。

北海道庁がもし、このまま彼らを棄《す》て置けば、彼らは終始不平にのみ歳月を送るほかなく、わが国家の体面上、はたまた千島拓殖事業の上に置いても不利益であることは明らかである。千島拓殖事業に熱心なことで社会に知られている笹森儀助氏は、たとえ少数であっても、もし今日の状況で棄て置けば、将来わが国家のために、はなはだ不利益になるはずである、非望を抱く内外悪漢の徒をしてこの状況を知らしめれば、彼らがただちにその非望の口実にしないともかぎらないと述べている。北海道庁は一日も早く彼らを処置することを目下の一大急務とすべきだ』

郡司大尉の談話にある危惧の半分は当たり、半分は外れました。当たったのは、ソ連の色丹侵攻と北海道本土への避難が大きな要因だったとはいえ、北千島アイヌが集団として消滅したことです。外れたのは、郡司大尉ばかりでなく笹森氏もまた案じたような国家としての不利益や国内外からの糾弾やそれを口実とした介入が目に見えるかたちではなかったことです。

しかし、そうでしょうか。当時、国外からの糾弾や介入が外見上、なかったことをもって、日本という国が不利益を免れたとみなすのは早計です。

少数者を尊重するどころか、手間がかかるとみなして軽んじる。政府や官僚、役人がそうした発想と決別できないできたツケがまわりまわって福島第一原発事故での被災者、避難者への冷淡な対応にも現われていると思います。一〇数万人とはいえ、一億人を超える人口から見れば避難者は相対的に少数者です。彼らは被害者であり、弱者であり、なにより故郷に帰ることができない喪失者です。そういう人たちを政府は正当に処遇してきたでしょうか。僕は今回の日本政府の対応がいつか、国際社会で強い批判にさらされる日が来ると思います。★11 国内問題としてみても、国のまとまりを損なっていくことは間違いないでしょう。

歴史のなかで繰り返される、こうした政治倫理にかかわる問題を乗り越えないかぎり、日本の社会や政治に未来はないと思います」

どのような返答が来るのか、緊張しながら待つ日が何日か続いた。メールは次の言葉で始まっていた。

「私にとって、タペストリーは美しさではなく、謎の象徴のようでもあります。写真で見るアイヌの人たちは黒い影のようです。そのつかめない印象が、結局は現在まで続いています。

小坂さんは、民族の生き方の基本は二世代、三世代ぐらいでは消せないような気がするとおっしゃった。私自身でもアイヌを調べてみたのです。そういうことをしたのは、四〇歳にもなって初めてでした。北海道庁のホームページにあった『アイヌ』の定義を調べたら、『アイヌの血を受け継いでいると思われる人』または『婚姻や養子縁組等によりそれらの方と同一の生計を営んでいる人』とあって、ずいぶん頼りない基準となっていました。[★12] これではどうにもならない、と思いました。アイデンティティーもなにも考えようがありません。だから、私は、『あなたが北千島アイヌの末裔だ』と、私に教えてくださった小坂さんに聞きたい。私は何をアイヌから受け取ったらいいのでしょうか。

アイヌ民族にとって生きることの基本は、人徳のある人間になれということ、と以前、小坂さんから教えていただきました。ずる賢い商人がアイヌを小馬鹿にした逸話はたくさん残っています。人格を基準にする彼らは、和人の本心をきっと簡単に見抜けた。そうはお考えになりませんか。闘っても、到底勝てないことを悟ったんだ、と思います。自然を尊ぶ者は自然を征服するものとは共存できない。アイヌのほとんどの人が矜恃を棄てたのは、アイヌ当人の心が、次第にユーカラの教訓を信じられなくなり、神との取り引きをやめてしまったからじゃないのか。アイヌがアイヌをやめた。命だけが、まだ続いている。その子孫の私が、アイヌをそう受け取ってしまったら、アイヌは死んでしまうのでしょうか。

かれらがいなくなったいま、誰に尋ねたらいいのでしょう。その自然も、環境も、その人たちもいなくなって、何を手本としたらいいのでしょう。

神々と正しく付き合い、悪心を持たなければ平穏に暮らせる、そう固く信じていたアイヌの人たちは結局、和人に騙されて衰退の一途をたどりました。弱い人たちだったと私は思っています。先住民の、自然を手本とした生活の規範は、人間の本質的な欲深さには対応できず、発展には限界がある、という気がしてなりません」

＊

彼女の言葉の前に、私はしばらくのあいだ、打ちひしがれるほかなかった。

「アイヌが理想になるでしょうか」という問いから始まって、「自然を尊ぶ者は自然を征服する者とは共存できない。先住民の、自然を手本とする生活の規範は、人間の本質的な欲深さには対応できず、発展には限界があるという気がしてなりません」とある種の諦念に到達した彼女の苦悶。消滅させられた側の末裔が希望を口にできるはずがない。そうは思っても、それでも言葉の端々ににじみ出ている悲観や絶望は圧倒的で、その前に立ち尽くすほかない。欲深さが人間の本質なのであれば、これからも容易に変わることはないのだろう。そういう結論さえ導き出され得る。どう答えるべきか。私はこれまで以上に悩み、その末にこうつづった。

「返事が遅れました。少なからぬ数のアイヌの人たちが神々との取り引きをやめたのだとしても、そうさせたのは外部の力であり、アイヌ自身が選び取ったわけではないことを、まずは忘れないで話を進めていきたいと思います。

自分はなにをアイヌから受け取ったらいいのか。あなたは戸惑いを戸惑いとしてストレートに声に出してぶつけてきました。

たしかにいまの状況は決して明るくはありません。あまりに発信されていない、発信されていたとしても届いていない――という状況でしょう。

かつて北海道ウタリ協会の理事長を長く務めた野村義一さん[★13]のような人がいました。民族が自立するためにはそのための法律がまず必要だとアイヌ新法の制定を求め続けました。その野村さんが亡くなり、アイヌ民族・和人が分け隔てなく集う場、精神文化を発出する場が必要だと札幌・豊平川でのアシㇼチェㇷ゚ノミの儀式を復活させた結城庄司さん[★14]も、文化伝承に力を入れつつ、同時に国会議員として政治の場でも発言できた萱野茂さん[★15]もいまはこの世の人ではありません。それほどの人たちが努めて発信し続けても届かないところには届かなかった。そしていまがあるのです。

前にもお伝えしたように、際立った人はいまなお何人もいます。けれど、その人たちが声を届けられる舞台は用意されていない。そういう人たちの声を代弁し、存在を広く拡散できる『通訳者』もいない。本当につらい状況です。

理由のひとつは、これまで述べてきたとおり、文化や伝統の『収奪』がものすごく苛酷なかたちで行なわれてきて、アイヌ・コミュニティーそのものが弱体化してしまったことがあります。ですが、それだけではありません。

経験知や大地に根ざした哲学は、人間がどうあがいても自然と向き合わざるをえない環境のもと、つまりは自然と関係を結ばなければ生きられないような時代に大切にされ、役立ってきたもので、一見、より生きやすくなった現代には強く意識されたり、求められたりはしないのだと思います（もちろん生きやすそうなのは表面上のことであって、相当危ないところにいま、僕たちは立たされているのだと思いますけど……）。ましてや、過去に和人の少なからぬ人たちはアイヌ民族を差別の対象にするばかりで、文化の価値など考えにも留めてこなかったわけです。

ただ、あなた自身がなにも受け取ることができないと言うのは、見誤りだと思います。あなたはすでに大事なものを受け取っているではないですか。『自然を尊ぶ者は自然を征服するものとは共存できない』とあなたが書くとき、それはアイヌ民族の自然を尊ぶ思想に思いを寄せ、その価値観を共有しているからにほかなりません。自分の家の魂に『行ってくるから家を見守っていてくださいね』と訴えかけて外出するその心持ちが芽生えた時点で、あなたはもうアイヌ民族の精神の根幹に触れていたと言っていいのではないかと思います。

北米の先住民族チェロキー・ネイションで初の女性元首を務めたウィルマ・マンキラーさんが『先住民族のコミュニティーでは、価値観が大きな意味をもっている』と語っています。★16 そのとおり、アイヌ民族を含めて各地の先住民族の社会が『価値観』を軸に動いていることを考えれば、個人としてもなにかの価値観をもつことが、まずもって先住民族の文化や精神の一角にみずからを置く出発点になると考えていいはずです。

マンキラーさんは世界の先住諸民族が共通にもつ価値観があるとも述べています。それは『助け合いの感覚や、自分たちの生活がその土地の一部であり切り離せないものであるという明確な認識』だと言うのです。そして、『人間のみならずすべての生きものと互いに依存し合っているという深く根づいた考え方が、食料、医療、そして精神的な糧の聖なる供給元である自然を保護しなければならないという義務感と責任感を奮い立たせている』とも表明しています。最も大事なのは価値観をもつことであり、大地や生き物、他の人々と互いにつながっているという感覚をもつことなのです。それこそが自然を守ることに結びつき、ひいては社会や自然環境の持続性を後押しする。『義務感と責任感』というほど意識的なものでなくても、先住民族の生き方の根底にそれが流れているのだと思います。

先住民族は世界全体にいったい何人ぐらいいるとお思いですか。二億五千万人から三億人と言われています。たしかに民族単位で見れば、たった一人になってしまったヤーガン族のクリスティナ・カルデロンさんのような人もいます。モンゴロイドのなかで最も遠い南米の南端パタゴニアに到達した人々の最後の一人とされている人ですが、先住民族というくくりで大集結すれば、それだけの仲間がいるのです。

その人たちがどのような生き方を選ぶのか、あるいはどのような声を挙げるのか、それがこの地球上でどれほど大きな影響力をもち得るか。そのことを思うと、絶望してはいられないような気持ちにさせられます。

『価値観』はすなわち、あなたの言うアイヌ民族の『徳』に置き換えることができるでしょう。一方の『欲深さ』は『価値観をもたない生き方』と見なすことが可能です。この社会はすでに歯止めとなる価値観を失って、破滅的な方向に向かってひたすら疾走しているのかもしれません。持続性を取り戻す方向に舵を切るのは相当困難になっているのかもわからない。僕たちの社会の行き詰まりがもっともっと目に見えるかたちで現われてきて、社会の転換をどうしても求めざるを得ない状況になって初めて、欲深さと決別して、人類は先住民族の価値観に目を向けることになるのかもしれません。

福島の原発事故でおびただしい数の人々が見えない放射能の恐怖に怯えたあの日々、少なからぬ数の人がいまの社会のありよう、人々の心のもちようを変えなくてはこれから立ちゆかないことを悟ったはずです。それでもこの社会は変われないのか、それとも少しずつ変わってきているのか、見極めるにはもう少し時間が要るでしょう。アイヌ民族の文化収奪と復権についても同じことが言えるのかもしれません」

彼女から発せられた数々の問いは、近代から現代に至るこの間、世界各地の先住民族が苦難の道を歩まされるなかで共通に抱き、その悩み、苦しみに寄り添おうとする人にぶつけてきた根源的な問題なのだろう。そしてこれからもさまざまな民族の末裔たちから同じ問いが繰り返し発せられるに違いない。「祖先から受け継いできた生き方は本当に理想なのでしょうか」「私はなにを自分の出自である民族から受け取ったらいいのでしょう」「衰退を余儀なくされた側が持続性の範となり得るのでしょうか」と……。

終　章　風と光の恵み――未来へのヴィジョン

先住民族の精神文化に通じ、その苦悩にも寄り添いながら、現代社会の行く末を案じた人に動物写真家の星野道夫さんがいる。

あるときは「ぼくはポトラッチの熱気の中で、目には見えぬものに価値をおく社会への強い郷愁を感じていた[★1]」と共感を語り、またあるときは「あらゆる自然にたましいを吹き込み、もう一度、私たちの物語を取り戻すことはできるだろうか[★2]」と自問した。先住民族の精神を拠りどころに現代文明の隘路《あいろ》から抜け出す道筋を見いだせないかと、もがき苦しんでいたのだ。

彼がカリブー（トナカイ）の大移動と出合うためにアラスカの大地のただなかでテントに寝泊まりしながら来る日も来る日も待ち続けたのが、一九八五年だった。

一生に一度、出合えるかどうかわからない。もしかしたらそれほどの大規模な移動はすでにこの世から消滅しているかもしれない。自分のいるところがルートから外れている可能性もある。ところが、ある日、眼前に、数万頭とおぼしきカリブーの群れが現われた。気がつくと前後左右、カリブーに囲まれ、怒濤《どとう》のごとき移動のまっただなかに身を置いていた。

自分は間に合った。アラスカの大地ではまだ間に合うのだ……。そんな感覚をもった星野さんが先住民族を訪ね歩き、ワタリガラスの神話を北米大陸からユーラシア大陸へとさかのぼる旅を始めたのがその十年後、一九九〇年代の半ばだった。


一九九六年夏にはアラスカからベーリング海峡を隔てたユーラシア大陸の玄関口にチュクチ民族を訪ね、ワタリガラスの神話がいまだに語り継がれていることを知って、その感激を日記に「シベリアにやって来た意味を得た」と記した。

もう消滅してしまったかもしれないカリブーの大群に出合って「間に合った」という感動を覚えた一方で、「変わりゆくアラスカの風景で、いつか伝説になる風景かもしれない」と未来への不安を抱かざるを得なかったのと同様に、このとき、星野さんはワタリガラスの神話が語られるコミュニティーへの感慨に浸りつつ、自分の体験がいつか伝説になりはしないかと不安を募らせないではいられなかったのではないか。

こうした焦燥感は、無意識のうちに心に隙を生んだのかもしれない。写真家というより自然哲学者といった方がいいその人はそれからわずか半月後、ロシア・カムチャツカ半島南端のクリル湖畔でヒグマに襲われて命を落とした。

訃報の直後、星野さんの親友でアンカレジ在住の大山卓悠さんから国際電話がかかってきた。

一九八四年、北大などがアラスカで行なった考古学調査に参加して以来、私はアラスカをフィールドにする研究者や現地の人たちに知己を増やしており、大山さんはその一人だった。

彼は告げた。ワタリガラスの神話の探究は「星野さんらしくない動きのように感じていた」と。じっくりと腰を据え、ゆったりと時宜を待つ星野さんには似つかわしくない、どこか焦りのようなものがこのところあったように感じてきた——そんな趣旨だったように思う。

1984年、アラスカのデナリ国立公園を訪れた星野道夫さん（© Leonard Kamerling）

探究を始めてそれほど時間がたっていなかったにもかかわらず、神話の世界においても、星野さんは鋭い感性と深い洞察で先住民族の精神文化に切り込み、その価値を発信していたから、その言葉は意外でもあり、その一方で半ば納得するところがあった。

＊

その死を知ったとき、私は星野さんに手渡した拙著『流亡——日露に追われた北千島アイヌ』が、彼をカムチャツカ半島の南端に向かわせる一因になったかもしれない、自分も無関係を決め込むわけにはいかないのかもしれないという思いにとらわれた。半島の南端は北千島アイヌがかつて居住した北限であり、残された住居跡を見たとの報告もあるのだ。

しかも、ワタリガラス神話を追いかけていた星野さんにとって、その地は特別な意味をもち得るかもしれなかった。なぜなら、ワタリガラスの神話は古アジア諸族と括られるユーラシア大陸から北米に至る多くの民族が共通してもち、カムチャツカ半島の先住民族イテリメンやコリヤークももっているが、アイヌ民族にはないと考えられていたからだ。星野さんが目指した地はワタリガラスの神話をもつ民族ともたない民族の境界で、神話体系の断層がそこにあるかもしれなかったのだ。★3

いずれにしても、星野さんが精力的に取り組んだワタリガラス神話の探究が志《こころざし》半ばで潰《つい》えたことで、大切なメッセージも完結をみることなく宙に浮いてしまった。

そのなかには畏れの価値も含まれる。人間はいつかは奢り高ぶり、自然を破壊し始めるに違いない。自然に対する畏れこそ失ってはならないものなのだ。そう考えたワタリガラスがクマを創造したあの話を世に紹介したのも星野さんだった。

みずからの言葉でもこう語っている。

「もしもアラスカ中にクマが一頭もいなかったら、ぼくは安心して山を歩き回ることができる。何の心配もなく野営できる。でもそうなったら、アラスカは何てつまらないところになるだろう。

人は自然を飼い慣らし、支配しようとしてきた。けれども、クマが自由に歩き回るわずかに残った野生の地を訪れると、ぼくたちは本能的な恐怖をいまだに感じることができる。それは何と貴重な感覚だろう。それらの場所、これらのクマは何と貴重なものたちだろう」[★4]

自然の前に恐れ畏む気持ちが伝承やその担い手もろともこの世界から失われていく切迫感は、私にもよくわかる。先住民族に寄り添えば寄り添うほど、伝統文化の維持や復興が時間との闘いであることを感じないではいられなくなる。しかも、多くの場合、先住民族を抑圧し、文化や伝統を奪ってきた側はその罪深さに気づこうとはしない。自分たちが壊した以上、復興の責任は自分たちにある、自分たちが負わなくてはならない――などと考える人はごくまれにしか現われない。そうするとそのあいだに挟まれ、ジレンマに心悩まされる人が出てくる。それが星野さんのような先住民族の理解者、共感者であり、知里幸恵や知里真志保のような先住民族出身の伝承者、研究者なのだ。

*

そうしたジレンマを抱えつつ、現地調査を続けてきた文化人類学者が、相次ぎ、自殺や不幸な事故で発信すべきメッセージを中断させられた時代があった。観察や聞き取りのために深く付き合ってきた先住民族が生きてゆくべき環境を悪化させられている現実。それが、調査する側にもあまりに耐え難い苦しみとしてのしかかってきたのだ。

とくに南米の先住民族研究を盛んに行なっていたフランスを中心とする人類学者にとって、一九六〇年代から七〇年代にかけての民族虐殺の激化は正視に耐えられなかった。それが文化人類学の逸材たちの、目を覆うばかりの損失を招いた。

フィールドワークに長け、食人習慣の背景などを解明してきたアルフレッド・メトローが、パラグアイでの狩猟先住民アチェ（グアヤキ）族のフィールド調査を前にパリで自殺したのが一九六三年。六〇歳代になっての寄稿「人生は六〇歳で終わるのか」でメトローは、長老が名誉と思慕、尊敬を集め、孫とのつながりという点でも重要な役割を担う先住民族に対して、現代の「先進」社会では高齢者が若者に無視され、時間を持てあましながら余命をながらえるしかない――と「文明化」の寂しさと空しさを吐露していた。

メトローの自殺を知らず、文化人類学の大先輩の到着をピエール・クラストルとともにパラグアイで空しく待っていたリュシアン・セバーグもまたその二年後、調査を終えてフランスに帰国してからあとを追うように自殺を遂げた。同じフランスの文化人類学者クロード・レヴィ＝ストロースが打ち立てた構造主義人類学とマルクス主義の融合を目指して苦闘、苦悶していたセバーグは「これから」という三一歳だった。

二人の研究仲間を相次ぎ失ったピエール・クラストルは一九五〇年代以降、政府軍やパラグアイ人（白人）による「グアヤキ狩り」で数を激減させたアチェの境遇に心を苛まれ続けていた。

人口一四〇〇人ほどと推定されたアチェは「文明社会に同化させる」ことを名目に、子どもは誘拐され、大人は囚われたあと、粗末な小屋に押し込められ、食事も満足に与えられずにつぎつぎと死んでいった。アチェは一九七二年、虐殺と迫害によって事実上、消滅したとされ、クラストルは絶望の淵に追い込まれる。

翌年、クラストルの協力者で民族虐殺を防ごうと現地で奮闘してきたレオン・カドガンがパラグアイの首都アスンシオンで亡くなった。両親はオーストラリア人だが、パラグアイ入植後の一八九九年に生まれ、現地語にも通じていた。

クラストルはカドガンの胸の内を代弁するかのようにこう綴った。

「一九七二年のグアヤキ・インディアンへの野蛮な虐殺が彼〔カドガン〕を苦渋と悲しみで満たした。彼は最後の最後までこの民族虐殺を防ごうと努力した。その試みに失敗したあと、彼は生き続けることができなかったのである」

これは憤りと悔しさがない交ぜになったカドガンへの「弔辞」だった。

失意の底をさまよっていたクラストルもまたカドガンの死から四年後の一九七七年、フランス南部のロゼール県ガブリアックで自動車事故によって命を落とす。四三歳の若さだった。

フランスの文化人類学は先住民族の生活、文化を記録するにとどまらず、その基底を成す発想や体系に切り込んでいったところに特長がある。だからこそ、「人々の境遇はこんな状態でいいのだろうか」「このままでは大事な文化、生き方が消滅してしまうのではないか」といった同情心や切迫感もまた人一倍強かったのではなかろうか。

フランスにおける文化人類学の体系化の先駆者ともいえるマルセル・モースは二〇世紀前半、先住民族の経済、儀礼、風習の基礎に、贈与することと、それを受け取り、お返しする相互の義務意識があることを見抜いて『贈与論』を著した。

贈与されることによって、与え手の人格の一部も受け取り、互いのあいだに強い絆が生じる。先住民族は贈与されたものを自分の所有物とは考えず、あくまでその霊や相手の人格の一部を一時的に預かり、第三者にさらに与えることを考える。こうして贈与を通じた物の循環が生まれる。

狩猟採集民にとって狩りとは獲物である相手の側に立って考えることであり、相手を倒すのではなく相手と関係を築くところに主眼が置かれていることをみてきた。肉体を差し出してくれる相手に感謝し、その相手に贈り物をもたせる相互関係は、まさに贈与の体現といっていい。「贈与」は直接の見返りを求めない。とはいえ、相手の側に「恩恵を受けた」「なにかのかたちで返さなければ」という心理的負い目を与えるから、コミュニティーに精妙な心理的関係を生み、人間同士、集団同士のつながりを複雑化させないではいない。それこそが、先住民族の社会を物心両面で多様化させ、豊かに保ってきた源泉だったとモースは示したのだ。

これに対し、「贈与」のデリケートで面倒くさい関係を、曖昧さ、あるいはのりしろの入る余地がないドライなものにしたのがお金で物を買うことに代表される売買（等価交換）である。物を売るためには、あらかじめその物と所有者の絆が断ち切られていなくてはならない。と同時に、物を売る相手と自分の関係もドライでなくては等価での交換は成立しない。対照的に贈与は、のちに見返りがあるかもしれないものの、与えた時点ではまったくの無償で、物との絆、相手との絆あってのものだと考えるとわかりいい。

モースの功績はとてつもなく大きい。資本主義社会に取り込まれているがゆえに、私たちには貨幣による等価交換しか見えていないし、それしか認められていないように思い込んでいる。しかし、それは人類が行なってきた経済活動のほんの一部でしかなく、より大きな贈与という経済システムがかつて中心を占めており、いまなお失われていないことに私たちは気づくべきなのだ。

モースの時代は、一九一七年のロシア革命で初めてソ連という社会主義国家が出現し、ある者はその可能性を追求し、ある者はその拡大を恐れた。その時代にあって、モースは共産党一党独裁のもとで市場経済を否定し、計画経済を遂行するソ連型の社会主義にも、市場や貨幣需給、西洋的な所有観にばかりこだわる近代経済学にも希望を見いだせず、第三の道を探究した。

ただ、ユダヤ人の国際主義者であったモースは第二次世界大戦中、ナチス・ドイツのフランス占領で監視下の蟄居《ちっきょ》状態に置かれ、同僚の研究者が相次ぎ処刑されるという極限状態を経験する。終戦を生きて迎えたが、研究を続ける知力も気力も体力も残されてはいなかった。

次いで学界を瞠目《どうもく》させたのは、レヴィ＝ストロースが提唱した構造主義人類学だった。みずから現地調査に出向き、各地の先住民族の神話や親族体系などを比較したレヴィ＝ストロースは、「未開」「野蛮」と考えられてきた先住民族の社会が、私たちが言う「文明世界」と変わらぬ複雑精緻な体系をもち、まったくひけを取らないほどの繊細さを備えていることを示した。レヴィ＝ストロースの発想もまた、現代の科学技術文明に一石を投じたばかりでなく、私たちの世界の見方を根底から覆し、視野を大きく広げたのである。

その次に文化人類学に新たな波を起こすはずだったのが、ピエール・クラストルだった。彼は先住民族の社会が国家を造らなかったのは、造れなかったのではなくて、あえて造らなかったのだと主張した。国家を造ることで失うものがどれほど大きいか、国家を造らないことで得られるものがどれほどの価値をもつか。発想の逆転であり、パラダイムシフトとみても決して大げさではない社会の見方がこの人類学者から提起されたのである。その考えもまた、私たちの社会が信じて疑わないできた発展図式を基底から突き崩すインパクトをもち得るはずだった。

だが、なぜある社会だけがクニを造り得たのかについてはついに解明するに至らなかった。[★5]

彼がもう少し長生きしていれば、現代社会のあり方を問いただし、新たな方向性を示せたかもしれない。だが、彼に残されていた寿命は、自説の成熟を待ってはくれなかった。

誰かクラストルの洞察を引き継ぐ人間がいないのか。星野道夫さんが見極めようとして完結させられなかった「神話の役割」や「畏れの価値」を発展させられないのか。モースが普遍的価値を見抜いた「贈与」の関係をどのように復活させるか。レヴィ＝ストロースが提示した暮らしや祈り、伝承の根底を流れる繊細で精緻な「体系」をどうやって取り戻すか。

多くの先住民族は弾圧・同化され、弱体化し、精神文化を発信することすらかなわなくなった人たちもいる。北千島アイヌのように集団として消滅させられた人々もいた。

国家をもたないできた人々。それにはそれなりの理由があり、それ自身、価値のあるものだとクラストルは言う。だが、現実は、あるいは歴史が示したその結末は、弱さであり、衰退であり、いくつかの集団にとっては滅びの道だった。いくらそれが持続性の源泉だと言っても、滅ぼされてしまえば説得力が揺らぐ。持続性や平等性を尊重する生き方がかえってあだになったと言えなくもない。

*

だが、抑圧し、吸収し、消滅させていった側、クニの側もいま、行き詰まっている。それはどうとらえたらいいのか。

ロシアは伝統的に、先住民族を使ってクロテンやラッコなどの毛皮を獲らせ、それをヨーロッパなどで売りさばいて皇帝をはじめ貴族階級が巨額の財を築いてきた。もちろん農奴の存在もあった。自然（大地）からとことん収奪して懐を肥やす国のありようは、ソ連崩壊後にも受け継がれ、豊富な天然ガスをはじめ地下資源の利権をわが手に収めた特権階級だけが潤い、大富豪となって経済を牛耳るいびつな国になってしまった。このところの原油価格の暴落とともに、そうした国家形態での存続に黄信号がともっているのも必然と言える。

南米大陸で先住民族に金や銀を採掘させ、その富で繁栄を極めたスペイン、ポルトガルの両国はいまは見る影もなく国際的な影響力を失ってしまった。南米の人々を育て、生産性を引きだそうという発想を欠いていたがゆえに、自国の維持ばかりでなく中南米の人々の自立にも長く影を落とさずにはいなかった。

クニなき人々であった先住民族を邪魔者扱いし、虐殺したり、居留地に押し込めたりしながら西部を開拓し尽くし、ついにはフロンティアをなくした米国は、ソ連崩壊後、一時的に世界の頂点を極めたが、気がつけば上位一％の金持ちたちが国民の収入全体の二割、上位一〇％が五割を独占する超格差社会になっていた。国が存続できたとしても、これでは健全さを欠くと言うほかない。

英国は世界で最も多くの植民地を獲得した時代があり、文字どおり日の沈むことのない大帝国を築いたが、植民地経営の負担がいつしか利得を上まわるようになり、撤退を余儀なくされた。国家の拡大をかぎりなく求めていけば、どこかで無理がかかり、衰退を免れない先例と見なすべきである。

では、資源が乏しいゆえに技術立国で戦後、米国に次ぐ世界第二位の経済大国にまでのし上がった日本はどうだろう。決定的だったのはやはり、福島第一原発事故だった。それは日本が高い技術力をもちながらも、なににどう使うべきか、科学技術でできることとできないことは何か、科学技術は完全にコントロール下に置かれているとはかぎらず、ときにリスクも伴うものだといった倫理や科学哲学、リスク社会学の基盤を決定的に欠いていたことを内外に示す結果となってしまった。最悪レベルの原発事故を起こしたにもかかわらず、誰も責任を取らず検証も反省もできないでいることが、対外的な信頼をさらに低下させるのも避けられまい。このままいけば、ヴィジョンや哲学なきまま、目先の利益だけを追求する薄っぺらな風潮がますます嵩じ、足元が揺らいでいくのが目に見えている。

いずれの国も一時は隆盛を極めたものの、その繁栄を継続させることができずにいまはもがき苦しんでいるように見える。

現代文明は国単位の問題だけではない。世界各地で環境汚染が繰り返され、地球規模の温暖化を引き起こし、人が人を搾取して格差を助長し、破綻の淵を綱渡りしながら金融市場や多国籍企業が国境を越えて膨らんでいく。

現代と呼べる時代は戦後の七〇年を含めてたかだか一〇〇年ほどで、近現代と括って産業革命からの歳月を数えても二五〇年ほどにしかならない。一万年の長きにわたって一つの文化を持続させた縄文時代や、一万数千年前に新大陸に到達した人々が保ってきた部族社会と比べると、私たちが生きているこの現代は間違いなく、より先行きが見通せない浪費・疾走型、疲弊型、そして環境破壊型の社会・経済に陥ってしまったと言える。

やはり、あらためて先住民族の知恵に学びつつ、より持続性の高い、平等性に富んだ社会を第三の道として見つけ出さなくてはならないのではないか。

これまで主として狩猟採集社会であるアイヌ文化や縄文文化を通じて精神文化やその価値を学ぶ必要性を訴えてきたが、私は狩猟採集生活に戻れとか、部族制を採用すべきと提案しているわけではない。自然とのつながりや科学技術への畏れを失っていたことが明白になったいま、東日本大震災後の今日《こんにち》、私たちがエコロジー社会を築くうえで、そうした精神文化を復興し、吸収することが土台や骨組みになると主張しているのである。

建物をつくるにあたって土台や骨組みだけでは不十分なのと同じで、社会にも肉づけしていくモデルがさらに必要となる。そのひとつは集落（コタン）同士が適度な距離感で結びつき、交易などを行なっていたかつてのアイヌ社会であり、もうひとつが、地域社会をエネルギー協同組合に転換することで自給自立型の小規模分散型社会をつくりつつあるドイツのいまではないかと私は最近、考えるようになった。

＊

エネルギー協同組合について少し説明が要るだろう。

ドイツでは近年、小さいところでは人口が一〇〇人単位の集落で地域住民の出資によるエネルギー協同組合がつぎつぎと誕生し、すでに六〇〇地域を超えて広がりを見せている。集めた金で発電事業を興し、その電気をみずから使ったり売ったりしながら時間をかけてコストを回収する手法が地域社会で一般化しつつあるのである。そのエネルギー源の基本は再生可能エネルギーで、太陽光、風力、木質チップ、家畜糞尿、小規模水力、地熱、海の潮流などとさまざまな選択肢がある。

そうした運動からエネルギーや食糧を自給し、地域そのものが自立していく小規模分散のネットワーク型社会への道筋を描くことができる。最近、よく話題にのぼる地方再生や地方活性化もまたこの文脈で語ることが可能である。エネルギーを核に、さまざまな社会活動に共同で取り組む機運が生まれてくれれば、その志向は地域住民の意識もまた変えずにおかないはずである。

協同組合というのはユニークな仕組みで、構成員は生産者であると同時に経営者でもある。だからそれ自体が資本主義や社会主義の枠組みを超えた第三の社会システムと見ることができる。『贈与論』を著したマルセル・モースが、社会のひとつのありようを協同組合に見いだしたのもうなづける。

エネルギー協同組合の場合、再生可能エネルギーに投資をする人々の気持ちのなかに、脱原発であったり地球温暖化防止であったりと、自分たちが環境や社会に貢献しているという意識があることは見逃せない。出資には元手が取り返せるかどうかという経営感覚や経済観念が伴うのはもちろんだが、多くの人が社会貢献の一環という位置づけで行動している点が重要である。言い方を変えれば、出資者には資金や労力を「贈与」している側面もあるのである。

買う側もそうである。再生可能エネルギー由来の電気だけを供給している協同組合から電気を買う人たちは、多少価格が高くてもそのコンセプトに共感し、共感した分、自分の財布から多少なりとも小銭を上乗せすることに特段の負担も負荷も感じていない。それもまた「贈与」を含んだ選択と見なせるだろう。

そうした贈与の念を一人でも多くの人に呼び覚まさせ、社会運動に発展させるためには、自然との結びつきの大切さや、地球環境や生態系が健全に保たれていてこそ自分たちが生きられるという認識を社会の構成員にもたせることが欠かせない。そのためのひとつの手立てが、自然との共生を長い年月のうちに培ってきた先住民族の精神文化に近づき、その本質を知ることであろう。

太陽の恵み、風の恵みをエネルギーとして自然から受け取り、その代わり、地球温暖化ガスの排出を抑えて環境を守る。この図式は、やや人間の側に甘い評価にはなるが、自然と人間が互いに支え合う関係にも見立てられよう。ここでも先住民族の世界観が効いてくる。

協同組合の特徴は、物事を決めるときに一人一票の完全な平等原則が貫かれているところにもある。平等性が社会の持続性を高める大きな要素であることは先に縄文文化や北米大陸の先住民社会でみたとおりである。

さらに言えば、協同組合は加入も脱退も自由である。ドイツの地域エネルギー協同組合は集落住民の大多数で構成されるケースが多いが、趣旨に賛同すれば外から出資したり、集落に移り住んで活動に加わってもいい。そこには集団としての流動性がしっかりと保障されている。流動性もまた社会の持続に不可欠である。それはレヴィ＝ストロースが先住民社会に見いだした集団同士の人の交換の重要性を持ち出すまでもなく、さまざまな社会が重視してきた大きな要素である。

太陽光パネルが屋根を覆うドイツ・シェーナウの教会

＊

日本の法律のもとではドイツほど簡単にエネルギー協同組合はつくれないが、再生可能エネルギーの普及と固定価格買い取り制度の導入によってドイツ並みの環境が福島第一原発事故後に整った。エネルギー協同組合が作りやすいよう法整備が行なわれ、人々が意識を変え、目をその方向に向ける一押しがあれば、一気に社会が転換していく可能性がある。

どこか遠くで見知らぬ会社がエネルギーを造っているのでは、いくら自然の恵みと言われてもその実感は湧かない。作物が自分の庭や畑で実を結び、それを日々、間近に見ながら味わう実感と同じく、エネルギーを生み出す場も身近であればあるほど親近感が湧き、自然の恵みが体感できる。

これまでの世界史は、支配と被支配、収奪や分捕り合戦、果ては戦争と、不幸に満ち、悲劇が繰り返されてきた。しかし、エネルギーを各地域が自給するだけで、不幸な状況は大幅に緩和されることは間違いない。この地球上には日々、太陽の日差しがふんだんに降り注ぎ、いつもどこかで風が吹き、地中には熱があり、海には潮流があって、常にエネルギーに溢れている。これまでそれを効果的に利用する術がないまま、人類は人口を爆発させ、産業化を進め、エネルギー産出国の偏在と使用国とのミスマッチを引き起こしてきた。それは依存であり、安定供給が望めず、脅しや紛争にも至る。負の側面が強いことを思い知らされながら、解消の道を見いだせないでいたというのがつい最近までの世界の実相だった。

再生可能エネルギーは不安定だからと日本の電力会社は普及に後ろ向きだ。それではドイツがすでに全電力の約四分の一を再生可能エネルギーに置き換え、二〇一三年六月一六日にはピークで全土の発電量の六一％を太陽光と風力で賄いながら、産業や家庭の電力需要にまったく打撃を与えなかったことをどう説明するのか。風が吹くか吹かないか、日が照るか照らないかはたしかに日によって、時間帯によって差がある。だが、それを先読みして電力を上手に融通する仕組みを作ったり、蓄電池で調整すれば、混乱は避けられる。狩猟が相手任せ、運任せで、だからこそ、狩猟採集民が自分たちの方が謙虚に構えて精進を重ねなくてはならないと悟っていたのと同じく、再生可能エネルギーの利用も相手に合わせる発想が必要なのだ。

北海道やアラスカ、カナダ北西海岸、ロシア極東で先住民族の精神文化を学び、ドイツに招かれてエネルギー転換の現場を実際にこの目で見たことで、私は再生可能エネルギーがもたらす新たな社会のヴィジョンを描き、その実現可能性を確信するに至った。

それぞれの地域がエネルギーを自然から受け取り、自活できる時代の到来こそが、社会が再び持続性を取り戻す第一歩である。それは、この地上に自然（神々）が銀の滴、金の滴を恵みとして降らせてくれていることを意識して生きてきたアイヌ民族の精神文化にも通じる。私たちはこれまで、陽光も風も、まるで「空気」のように当たり前にそこらじゅうにあるものとして気にも留めずに暮らしてきたが、私たちの生き方が変われば、それは自然の恵みとして意識され、銀の滴として降り注ぎ、この地上を満たすのだ。

人間の祖であるアイヌラックㇽを育てるために遣わされた「イレスサポ（育ての姉）」が太陽の妹神だったように、あるいはアイヌ民族の古老が祈りのなかで「イレスフチ（育てのおばあさん）、イレスカムイ（育ての神）」と火の神に呼びかけるように、陽光や火（エネルギー）は地上のあらゆる命を育てると同時に、人間社会を生かしてくれる源ともなる。

そうであることがまだ多くの人の目には見えていないだけなのだ。

神々が姿を消し、銀の滴も金の滴も降り注ぐことがなくなったところに放射能という「毒」が降り注ぎ、人間（アイヌ）は二度にわたる喪失を経験した――。

原発事故を経験した私たちは、なにをもっても消すことができない毒が再びまき散らされる事態だけはなんとしても避けなくてはならない。そしていくら時間がかかっても、放射能を自然の恵みの滴に置き換えていかねばならないのだ。

註

序

1　『福島、飯舘　それでも世界は美しい——原発避難の悲しみを生きて』一六七—一六八頁。

2　同前、二三頁。

3　東日本大震災で福島第一原発を襲った津波の高さは一五メートル前後だったが、一九七一年、東京電力が1号機建設当初に想定した津波は三・一メートルで、非常用のディーゼル発電機も低位置に置いていて冠水し、原子炉を冷却できなくなって核燃料の溶融（メルトダウン）や水素爆発という大惨事に至った。

しかし、見直しの機会は何度かあった。一九九三年の北海道南西沖地震などをきっかけに、二〇〇二年には土木学会の原子力土木委員会津波評価部会で津波の最大高を予想する新たな手法が確立された。福島第一では「最大級」を一九三八年の塩屋崎沖地震と仮定し、想定される津波の最大高を五・七メートルに引き上げた。文部科学省の地震調査研究推進本部が二〇〇二年、「一八九六年の明治三陸地震と同様の地震が三陸沖北部から房総沖のどこでも起きうる」との見解を発表したことで、東電は二〇〇八年に明治三陸地震と同等の地震が福島沖で起きるとの想定で最高津波高一〇・二メートル、遡上高一五・七メートルの可能性があると弾き出した。しかし、「防潮堤の設置には数百億円規模の費用がかかる。時間も約四年を要する」との見通しで、原発担当副社長には報告されたものの、取締役会には諮られなかった。

東電は二〇〇八年、独立行政法人「産業技術総合研究所（産総研）」の研究者らが公表した貞観津波（八六九年）をモデルにした別の試算でも、津波の最大高を九・二メートルと試算していた。詳しくは『原発と大津波――警告を葬った人々』を参照。

4　福島第一原発事故の前から一貫して原発の危うさに警鐘を鳴らし、脱原発を訴えてきた京大原子炉実験所の小出裕章助教は二〇一五年三月末の退任を前に福島第一原発事故の教訓をこう語った。「最大の教訓は原子力というものはどんな悲惨な事故を起こしても、誰も責任をとらないということです。原発事故で住民は根こそぎ生活を奪われた。しかし、東京電力の社長も、政府も誰一人として責任を取らない。電力会社が再稼働に突き進むのは、責任を取らなくていいし、会社はつぶれないと思っているからです。一番大切なことは、個人にも、組織にも責任を取らせることです。原子力は徹底的に危険だし、破滅的だ。でも私が原子力に反対している理由は根本的に違います。徹頭徹尾、無責任で、犠牲を他者にしわ寄せするからです」。

5　レガソフの回想は、"Chernobyl Record" の二八九―三〇六頁。

6　原発の使用済み核燃料、いわゆる核のごみは、そのまま地下に埋める「直接処分」の場合、当初の放射能レベルはウラン鉱石の一千万倍もの強さで、ウラン鉱石並みになるまで約十万年を要する。日本が採用する使用済み燃料からプルトニウムを取り出して再び原子力発電に使う「再処理」でも、プルトニウムを取り出したあとに高レベルの放射性廃棄物が残り、ウラン鉱石並みになるまで数万年はかかる。最終処分施設の造成を始めたり、立地が決まった国は二〇一五年三月時点でフィンランドとスウェーデンの二国しかない。

7　うかじ・しずえ（一九三三―）日高管内浦河町で生まれ、二三歳で上京。関東ウタリ会での活動などを通じて、アイヌ民族への差別や偏見と闘う。二〇〇四年にアイヌ文化奨励賞を受賞。著書に『すべてを明日の糧として――今こそ、アイヌの知恵と勇気を』（清流出版刊）などがある。

8　『すべてを明日の糧として』八―九頁。

9　同前、四二頁。

10　ちり・ゆきえ（一九〇三―一九二二）登別市生まれ。幼少期、口承の名手と言われた祖母モナシノウクさんと二人で暮らし、小学校入学時に伯母金成マツさんのいる旭川に祖母とともに身を寄せた。アイヌ語言語学者の金田一京助博士に見いだされ、上京して金田一宅で『アイヌ神謡集』の編纂を続けた。刊行は死後の一九二三年。二〇一〇年に登別市本町二丁目に「知里幸恵　銀のしずく記念館」が開設された。

11『すべてを明日の糧として』一八六頁。

12『福島、飯舘　それでも世界は美しい』一〇一―一〇三頁。

13『牛と土――福島、3・11その後。』二五三―二五五頁。

第一章

1「第四六回高文連全道高等学校研究発表大会郷土研究部門発表要旨　上川アイヌの研究　その46」に祈りの言葉と対訳が紹介されている。

2　かわむら・しんりつえおりぱっくあいぬ（一九五一年―）旭川市で生まれる。日本名は川村兼一。川村カ子トアイヌさんを父に持ち、一九七七年に文化伝承施設「川村カ子トアイヌ記念館」の館長に就任。旭川アイヌ協議会会長。旭川チカップニ・アイヌ民族文化保存会の会長も務める。

3　川村エカシは葛野辰次郎エカシの祈りを参考にしたとしている。葛野さんの「シリシモエ　ホタヌイタウッ（地震の見舞文）」（『キムスポⅢ』八七―九九頁）には、自身の日本語訳が付けられており、それは次のように書かれている。「聖なる神が創造なされた聖なる下界であっても　だんだんと年来る度ごとに老化するものでありまするから　（地球が）老化の姿　老衰の形　その姿影を持っていましたなら　そのときには悪い魔神も（神の中には）居るものでありますから　大自然が老化しているのを（彼らが）さとりましたならば　いたずらする　悪い魔の神がいたずらして　この聖なる下界のいかなる所でも　ど突くかの様に　ど突きましたなら　どこの国土が破壊するだろうかと思いまして　自分の心を乱しますけれど　どこへ逃げる事も　隠れます事も　この事に対しては迷うことなのでありまする」。つまり、神々のなかには悪い神もいて、地球が老化し衰えているのを見て取っていたずらを仕掛け、国土ののあちらこちらを破壊するという意味あいである。

4 物語は『カムイ・ユーカラ――アイヌ・ラッ・クル伝』に詳しく記載されている。

5 川村シンリツエオリパックアイヌさん、葛野辰次郎さんの祈りにある「地球の老化の姿　老衰の形」という言葉もアイヌラックルの物語と関連性があると思われる。アイヌラックルがこの大地で神々を敬うことの大切さや猟の仕方、薬草の見分け方などを人間に教えてくれていた時代は「霊力の時代」だったが、この地を去ってからは「衰えた時代（末の世）」になったとされる。祈りの根底には、いまはその「衰えた時代」にいるとの見方があるとみられる。

6『森と氷河と鯨』七五頁。

7 同前、六八頁。

8『アークティック・オデッセイ』一〇頁。

9『アイヌ民話全集1　神話編I』一三五―一四七頁。この伝承は旭川の伝承者杉村キナラブックさんが、東静内アザミの佐々木テクンアアレフチから聞いた話として語っている。

第二章

1 ひかわ・ぜんじろう（一九一一―一九九〇）日高管内平取町に生まれ、一九三八年に阿寒町（現釧路市）に移住。その後、釧路管内弟子屈町屈斜路湖畔にアイヌ民族の伝統家屋「チセ」を造り、伝承活動を行なう。札幌・豊平川でのアシㇼチェプノミの儀式や白老町で行なわれたイオマンテで祭司を務めた。

2『イヨマンテ―熊の霊送り―報告書』六四―六六頁。

3 すぎむら・きょうこ（一九二六―二〇〇三）旭川市で伝承者杉村キナラブックさんの長女として誕生。一時、昭和新山の民芸品店で働き、その後、郷里に戻って母親とともに伝承活動に携わる。北海道ウタリ協会（現北海道アイヌ協会）旭川支部の支部長を務めた。妹のフサさんもアイヌ文化伝承者。一九九八年にアイヌ文化賞を受賞。

4 すぎむら・きならぶっく（一八八八―一九七四）現在の深川市出身。旭川市近文コタンの杉村コキサンクルさんと結婚。旭川市で口承や伝統的な手仕事の伝承に尽力した。娘の杉村京子さんも伝承者として育てた。伝統工芸で旭川市文化賞を受賞。オイナ（神謡）、トゥイタㇰ（物語）の伝承者として旭川市無形文化財に指定された。

5 『上川アイヌ　熊まつり』五六頁。トウアカンノ・エカシによる「子熊の花矢祈り（エペレアイノミ）」を元にしている。

6 イオマンテではクマの首を二本の丸太で絞めるやり方が道東・屈斜路コタンなどで記録されている。旭川では矢で心臓を射抜くことが、一九五三年発行の『上川アイヌ　熊まつり』にも「鏃《やじり》は鉄矢、骨矢、竹矢あり　今撃つ本矢は止《とど》めの鉄矢、ハウトムテイエカシの手を放れ子熊の心臓を射抜くところ　矢は過たずこの子熊は何の苦痛もなくその場に打倒れた」と写真説明があり、その後、「子熊の息を止める」とのタイトルで「この木は必ずシコロ（キハダ）の木　カムイエペレ（神の子熊よ）　イヤイライケレ（有難う）オンカミアンナ（拝みます）静かに静かに呼吸は絶えて行く」とある。

7 杉村京子さんの生涯は『アイヌを生きる　文化を継ぐ――母キナフチと娘京子の物語』を参照。

8 ちり・ましほ（一九〇九―一九六一）知里幸恵の弟で、登別市出身。旧制一高、東京帝大に進み、金田一京助博士に師事して言語学を修めた。一九五八年に北大教授。動植物や人体の呼称だけでなく、広範な伝統知識を盛り込んだ「分類アイヌ語辞典」を刊行した。

9 イオマンテの原意は「イ＝それを、オマン＝行く、テ＝させる」で、そこにクマという語はない。クマが祭られるとは限らず、シマフクロウなどほかの生き物を祭るときもイオマンテと言う。あえて明言しないのは、畏れ多いものとして畏まる態度の現われかもしれない。

10 『知里真志保著作集　第二巻』二一〇―二一一頁。

11『アイヌ無形民俗文化財記録刊行シリーズ11 トゥイタㇰ（昔語り）2』五九―一二一頁。語り部は北海道中央部日高管内平取町の西島てるさんである。

12『旅をする木』一二八―一二九頁。

第三章

1 ヒグマが冬眠から覚めて、最初に食べるものをミズバショウとする説もある。腹に良くなくてお腹を下すミズバショウを食べることで、冬眠のあいだ、腹に支《つか》えとしていたものを一気に排泄して胃腸を整えるとされている。姉崎等さんの『クマにあったらどうするか』の一二三―一二八頁には冬眠にさいしてヒグマは肛門に栓代わりの止め糞を蓄えるが、春先にフキノトウやアマニュウの葉を食べ、それを膨張させて止め糞を一気に外に飛ばして出すと書かれている。

2 私自身も話は聞いているが、根本エカシの狩猟に関する話は藤村久和氏が聞き取りを行なってまとめた北海道教育委員会編『アイヌ民俗技術調査1〈狩猟技術〉』に詳しい。

3 ねもと・よさぶろう（一九一八―二〇一三）釧路管内白糠町出身。酪農に携わる傍ら、クマ撃ちやシカ猟を続ける。狩猟の伝承は「アイヌ民俗技術調査1〈狩猟技術〉」に採録されている。兄は口承伝承を残した貫塩貴蔵さん。二〇〇二年にアイヌ文化賞を受賞。

4「本流のシラッチセ」には恵庭猟友会名で「この祭壇は熊の頭骨を山の神として祭ってある場所で、入山者の安全祈願をする為にも今から六〇数年前から祈願祭をおこなって大切に保存しております。手をふれたり立ち入りに注意してください」との看板が立てられている。「本流のシラッチセ」からそう遠くない「盤尻のシラッチセ」では二〇一二年から毎年、地域のアイヌ民族や猟友会のメンバーの手でカムイノミが行なわれている。祭司は千歳の野本久栄エカシで、その模様を地元の市民団体「恵庭ロケーション推進の会」がビデオで撮って映像記録のDVDにした。

5 あねざき・ひとし（一九二三―二〇一三）胆振《いぶり》管内鵡川村（現むかわ町）生まれ。三歳のときに母の実家がある千歳市に移り、猟を覚えた。二〇〇一年に銃を手放すまで六五年間、狩猟を続けた。北大によるヒグマのテレメトリー調査にも協力し、クマが暮らせる山の自然を守ることの大切さを訴え続けた。共著に『クマにあったらどうするか――アイヌ民族最後の狩人　姉崎等』(木楽舎刊)がある。

6　『クマにあったらどうするか』二一〇―二一三頁。

7　『クマにあったらどうするか』には、クマの心が鎮まるのを待って撃つ理由として、互いの心を通じ合わせることとクマの霊が神々の世界に帰ることができるようにするためという二つの思いは書かれていないが、筆者が姉崎等さんのご家族からの聞き取りで生前、姉崎さんがそう話していたとの証言が得られたので補足した。

8　『国家に抗する社会』一三八―一三九頁。

9　『野生の思考』二七二頁。

10　『クマにあったらどうするか』一五八―一五九頁。

11　『アイヌを生きる　文化を継ぐ』一八七―一八八頁。

12　『コタン生物記　II野獣・海獣・魚族篇』二八九頁。

第四章

1　『縄文聖地巡礼』一五七頁。

2　同前、一六〇頁。

3　『縄文文明の環境』二七頁。

4　同前、三〇―三一頁。

5　"Indian Art of the Northwest Coast" p. 7.

6　『純粋な自然の贈与』一八七頁。

7　『国家に抗する社会』の第11章「国家に抗する社会」に詳しい。

8　原典はF. Huxley. tr. fr., Aimables sauvages, Paris, Plon, 1960。『国家に抗する社会』四〇頁、『熊から王へ』一四一頁に引用されている。日本語訳は「首長」となっている。しかし、クラストルは『国家に抗する社会』の三七頁で「いくつかの社会、例えばフェゴ島のオナ族Ona、ヤーガン族Yahganには首長制すら存在せず、またヒバロ族Jivaroについては、その言語には首長を指す単語が存在しないとも言われている」と書いている。階級格差や権力者の存在が明確でない「部族制」の長《おさ》と、国家制度の中間的な社会形態を定義する「首長制」における「首長」との混乱を避けるため、ここでは「長」とした。長の役割は『国家に抗する社会』第2章「交換と権力　インディアン首長制の哲学」および第11章「国家に抗する社会」に詳しい。

9　『国家に抗する社会』一一三頁。

10　同前、三九頁。

11　同前、二五八頁。

12　『縄文時代――コンピュータ考古学による復元』八六―八七頁。年に一週間ほど山に入れば集められるとの見方は『縄文探検』七七頁。小山は鹿児島県国分市の上野原遺跡の調査をもとに、三〇人の集落で年間に必要なエネルギーを得るためにはトチの実に換算して一〇トン採れば十分で、タンパク質を補給するために月にシカを二頭、マスなどを三〇〇匹捕ればよかったと分析した。一〇トンのトチを採るには三〇人が年に一〇日間ほど働けば十分としている。

13　『文化と環境――エスキモーとインディアン』の一八四―一九六頁でE＝m×t×r×eという数式を元にした人類学者の調査結果を紹介している。Eは一つの集団が一年間に生産する食料エネルギーの総体をカロリーで表わしたもの。mは食料生産に携わる人々の数、tは労働時間数で、rは一時間の労働によって消費されるカロリー、eが食料生産のために消費された単位エネルギー（一カロリー）当たりの生産された食料エネルギーの平均値である。eの値が大きくなるほど食料生産の技術＝環境上の効率が高まることを意味している。

狩猟採集民の年間八〇五時間は、リー（R. Lee）によるカラハリ砂漠のブッシュマンの研究に基づく。焼き畑農耕とブタの牧畜は、ラパポート（R. Rappaport）のニューギニアの中央高地に暮らすツェンガバ・マリング族の調査を元にしている。焼き畑農耕そのものは生産効率が高く、年間三八〇時間ほどの労働しか必要としないが、動物性タンパク質をブタの飼育（年間四〇〇時間）で摂取しなくては栄養不足になるため、合計値を出している。灌漑農耕民の一一二九時間は、中国雲南省でフェイとチャン（I. Fei, and C. Chiang）が行なった調査に基づく。

14『縄文探検――民族考古学の試み』三四五頁。

15『人骨出土例にみる縄文の墓制と社会』二八六―二九三頁

第五章

1『知里真志保の「アイヌ文学」』一五三頁参照。「ふくろう神の自演の歌」は一五三―一六三頁。

2『アイヌ神謡集』第七話「梟の神が自らを歌った謡『コンクワ』」や、「狩り場を司る神とオキクㇽミ（イウォㇿコㇿカムイ　オキクㇽミ）」の物語がそうした世界観をわかりやすく教えてくれる。後者はオキクㇽミという名のアイヌの偉い人が狩り場を司る神に使者を寄こして、アイヌの村が飢饉になってどうすることもできない、シカを増やしてほしい、魚を増やしてもらいたいと懇願するところから始まる。

狩り場を司る神が大宴会を催してシカを司る神（ユㇰコㇿカムイ）にアイヌの窮状を伝えると、シカを司る神は「アイヌたちはシカを殺してもイナウも持たせない。シカたち（の霊）が戻って来て、それで（自分は）腹を立てたのだ」という。魚を司る神（チェㇷ゚コㇿカムイ）に同じことを言うと、「アイヌたちが魚を殺しても頭を叩く木（イサパキㇰニ）も持たないまま泣きながら来たので腹を立てているのだ」と答える。イナウ（木幣）とはヤナギやミズキなどで作る祭具で、人間（アイヌ）の祈りを供物とともに神に送り届ける役目を果たす。イナウそれ自体が神にとっては喜ばしい贈り物であり、届くことが自分がどれほど敬われているかのあかしでもある。

物語が言わんとしていることは、人間がカムイからいただいたシカや魚を作法どおり扱って神々のもとにきちんと送り返さないものだから、シカも魚もアイヌ（人間）の土地に戻るのを嫌がっているということだ。だから、シカを司る神も魚を司る神も、人間界に下ろすのをやめていたのである。

それで狩り場を司る神である「私」は飢饉にあえぐ人間たちを救うため、シカを司る神の倉に出向く。倉にあった袋からシカの骨を両腕に抱え持つほど取って狩り場の上にまき散らし、今度は魚を司る神の倉に行って、袋から片腕に抱え持つほど骨を取って川へまき散らす。その行為によってシカも魚も野や川に再び満ちあふれ、人間たちの暮らしは元に戻った。そしてそれから人間たちは作法を守ってシカや魚をイナウや酒とともに送り返すようになったという話である。

物語にはヴァリエーションがあって、狩猟の女神が酒宴で踊って神々を笑わせ、魚を司る神の口からこぼれ落ちた魚の鱗を川の上に吹き飛ばし、シカを司る神の口からこぼれ落ちたシカの毛を山の上に吹き飛ばし、魚やシカを蘇らせたという筋書きも残されている。

獲物を下ろす神はイソサンケカムイと呼ぶ地域がある。北海道東部、鶴居村の伝承者でクマ撃ちをしていた八重九郎さんは「けものを司る神がみずからを物語る」という話を残している。その解説で「けものや魚を人間に与える神はyuk-kor-kamuyだが、yuk-atte-kamuy, cep-atte-kamuyとも言うとしている。『人々の物語――アイヌ無形民俗文化財記録第3輯』一六三頁を参照。

3　かんなり・まつ（一八七五―一九六一）幌別郡オカシペッ（現登別市）出身。アイヌ名はイメカノ（イメカヌの表記もあり）。イギリス聖公会が経営する函館の愛隣学校で学び、洗礼を受ける。旭川市で伝道しつつ姪の知里幸恵と暮らす。晩年は故郷の登別市に戻って膨大な数の口承伝承を「金成マツ・ノート」と呼ばれる一二四冊、一万数千頁の記録に残した。一九五六年に無形文化財保持者に指定され、紫綬褒章を受章。

4　「北海道の内陸を本拠とする人々、――それをユーカラの中では『ヤウンクル』（ya-un-kur『内陸・の・

人』）と云つているのであるが、そのヤウンクルが異民族の女を奪つたために異民族の恨みを買つて、戦をしかけられ、それにうち勝つて、暫《しばら》くは平和のときが訪れることもあるけれども、その間に敵は復讐戦を準備して押かけて来る、するとそれにこちらから反撃を加えて敵の本拠へ深く攻め入り、悪戦苦闘の幾春秋を経て、ようやく敵を完全に克服して本国の山城へ凱旋する、という物語である。

この戦争の相手である異民族を一括してユーカラでは『レプンクル』（rep-un-kur『沖・の・人』）というのであるが、それはつまり『海の彼方の連中』と云うことで、その連中の中には『サンタ・ウン・クル』と称して、いわゆる『山丹人』が出て来るし、その山丹人の仲間には『ヅ（トゥ）イマ・サンタ・ウン・クル』すなわち『遠い・山丹人』と称して牛の尻尾みたいな髪の毛を背後に垂している連中も出て来る。之は明らかに弁髪なので、大陸の民族であることがわかるのである。

そしてユーカラの中に出て来る英雄たちは、『イヨチびと』とか、『イシカリびと』とか、『チュプカびと』とか、『オマンペシカびと』とか、『レプンシリびと』とか云うぐあいに、いずれもその支配する土地の名を負うているのであり、不思議なことには、それらの土地は、すべてオホーツク式土器の出る、いわゆるオホーツク文化圏内の土地をさすらしいのである。

つまり、ユーカラと云うのは、北海道を本拠とするヤウンクル（『内陸人』『本州人』『北海道本島人』）と、大陸の方から海を越えてやつて来て北海道の日本海岸の中部からオホーツク海岸の各地に橋頭堡を確保して住んでいたレプンクル（渡来の異民族）との民族的な戦争の物語で、その戦争の舞台は、現在いわゆる北部方言地帯と称する北海道の中部北部東部を中心に、千島、樺太、利尻、礼文、それから北アジア大陸を含んだ広範な地域なのであり、しかも、オホーツク文化が本道沿岸に栄えたのは、今からおよそ、千三百年から八百年くらい前までの約五百年間と見られているので、ユーカラの内容も、大体、その頃に現実に行われた民族的な葛藤を歌つたものであつたことがわかるのである」と『知里真志保著作集　第1巻』一五八—一五九頁にある。

5　モシレサチサチの国名、毒おんな、毒おとことの戦いは『アイヌ叙事詩——虎杖丸の曲』の金成マツさんの伝承（別伝）にはあるが、本伝に当たる鍋沢ワカルパさんの伝承にはない。ワカルパさんの伝承で対応するとみられるのは、毒の小袖を着たシララペツびととカネペツびととの戦いである。彼らはルカニ（水銀）とスㇽク（トリカブト）の両方の毒を使い、その点でも異なっている。ちなみに鍋沢ワカルパさん（一八六三—一九一三）は現日高管内平取町紫雲古津のユカㇻ伝承者の家系に生まれ、上京して金田一京助博士にユカㇻを伝えた。

6 『虎杖丸の曲』六九四—七〇五頁。

7 同前、七〇七—七〇八頁。

8 一六四三年、金銀島を探そうと北海道や千島列島を探検したオランダ東インド会社のマルテン・フリースが、南千島のアイヌ民族が装飾に銀を使っているのを見て、どうやって手に入れたかを身振りで尋ねたさいに、年長の女性が砂を壺に入れて火にかける仕草をしたと記録されている。これはアイヌ民族が砂金を使った金の精錬方法を知っていた可能性を示す。金の精錬は水銀と金をまず融合させたのち、水銀だけを蒸発させて金を残す手法が多用される。従事者はそのさいに、気体になった水銀を吸い込んで健康を害することが知られている。

9 『虎杖丸の曲』六九〇—七二九頁。モシレサチサチは「大地（mosir）」と「乾いた（sat）」の組み合わせで、「モシㇼサッサッ」と表記すべきかと思われるが、クニ名でもあり、原文のとおり表記している。ほかのクニ名も同様の扱いをしている。

10 史実である「北からの元寇」はなぜ起きたのか。モンゴル帝国は膨張につぐ膨張でサハリン（樺太）の対岸アムール河下流域にまで進出し、そこに政治・軍事の拠点、東征元帥府を置くに至った。先住民族の吉里迷（ギレミ）を支配下に収めたが、その吉里迷から骨嵬（クイ）が侵入してきて困るとの訴えが寄せられた。その訴えを受けて、元軍は骨嵬を討つことを決意している。歴史学者の研究で、吉里迷はサハリンの先住民族ニヴフ、骨嵬（クイ）は樺太に進出を果たしたアイヌ民族を指すのではないかとされている。記録のとおりなら、元朝も膨張していたが、アイヌ民族も吉里迷の側に拡大・

進出しようとしていたようである。鷹やテンの毛皮、アザラシの毛皮などの捕獲を目指していたとみられ、その背景には日本社会からの需要があったようだ。アイヌ民族は狩猟採集の民であったが、交易にも深く通じていたのである。

11 近年、縄文系の人々とオホーツク人の実際の関係が対立ばかりでなかったことが、遺伝学の立場から明らかにされている。アイヌ民族には縄文人、続縄文人の血ほどの濃さではないが、オホーツク人のDNAも混じっていることが判明したのである。縄文系の人々とオホーツク人のあいだに交流ばかりでなく、現実の通婚関係もあったと考えられる理由である。さらに、最近の研究で続縄文人が子グマをオホーツク人に譲り渡した「平和的交流」まで浮かんでいる。その発端は、ヒグマが生息しない奥尻島の遺跡からヒグマの骨が出土し、DNA鑑定の結果、渡島半島（北海道南部）の個体と判明したことだった(北海道新聞二〇〇三年九月二三日付を参考のこと)。これは考古学者には驚きの結果だった。クマの骨が出土した奥尻島の青苗砂丘遺跡はオホーツク人の居住跡と判明しており、ヒグマのもともとの出生地である渡島半島は当時、続縄文人の支配下にあったからである。そこから、続縄文人が子グマをオホーツク人に贈り物として捧げていたという「友好仮説」のシナリオが描かれた。

動物信仰が顕著なオホーツク人はクマの儀礼を行なっていたことが確実で、DNA鑑定はそのクマが満三歳のオスであることを示した。まさにアイヌ民族のイオマンテと共通する。クマの霊送りの挙行を欲していたオホーツク人に乞われて、続縄文人が春グマ猟で得た子グマを贈与したと考えて不自然ではない。一例だけでは説得力を欠く。同様に北海道南部のクマの骨がオホーツク人の重要拠点のひとつである北海道最北部、礼文島の香深井《かぶかい》A遺跡からも見つかり、友好仮説はさらに補強された。礼文島にもクマは生息しない。しかも香深井A遺跡から出土した二頭はいずれも一歳未満の子グマだった。こうした発見例が相次ぐ以上は、オホーツク人がなんらかの手段でもともと北海道で暮らしていた在来人からクマを入手したと考えるべきであろう。だとすれば、そこに交流のようなものが想定できる。互いにまったく交わることなく暮らしていたわけではないと考えた方が自然である。

12　開拓使が設置された二年後の一八七一年、戸籍法の公布でアイヌ民族は平民に編入され、伝統習俗が禁止され、日本語の習得が定められた。翌一八七二年には地所規則・北海道土地売貸規則が定められ、北海道の土地は、官用地や従前から民間で貸借使用中の土地を除いて、すべて官において民間の希望者に売り払うこととされた。申請に必要なアイヌ民族の戸籍の完成が一八七六年ごろだったこと、アイヌ民族には近代的な意味での土地所有の概念がなかったこと、文字を理解する人はごく少数だったことから、アイヌ民族のなかでこの規則によって土地の所有権を取得した人はほとんどいなかった。一八七七年には「北海道地券発行条例」が制定される。一八八六年制定の「北海道土地払下《はらいさげ》規則」で、国有未開地から一人につき一〇万坪以内の土地を無償で貸し、予定どおり入植に成功すると一〇〇〇坪一円で払い下げられることになった。しかし、この規則は小資本の移住者を考慮したもので、北海道庁の思惑どおりに「開拓」が進まなかったことから、政府は一八九七年に北海道国有未開地処分法を制定し、一人に農耕地一五〇万坪、牧場地二五〇万坪、森林三〇〇万坪という広大な原野を無償で貸し出し、成功後は無償給付することにした。それは裏返せば、「開拓」を最優先する政策のもと、アイヌ民族が土地を奪われ、生活や糧を得る場をつぎつぎ追われたことを意味する。国家が形成されていなかったことを「無主の地」とする理由づけで、国家が先住民族の土地を一方的に奪う事例は世界各地で起きた。しかし、オーストラリア北部、トレス海峡マレー島の先住民の土地所有権を認めた連邦最高裁の「マボ判決」（一九九二年）をはじめ先住民族の土地への権利を認める動きが近年出てきている。

13　『歴史としての東日本大震災――口碑伝承をおろそかにするなかれ』一〇頁。

14　同前、三二頁。

15　同前、三三頁。

16　同前、一九一―一九八頁。このなかの記述で、同様のことが東京天文台ないし国立天文台が毎年編纂してきた『理科年表』でも起きたことも明らかにされている。一九七一年版から一九八七年版までは慶長津波について「岩沼〔現宮城県岩沼市〕付近でも家屋皆流出」とあったのが、その後はこの記述が消え、「一九三三年の三陸地震津波に似ている」とあたかも被害の中心が東北北部太平洋岸の三陸地方だったかのような記述に変わった。

17 同前、一九七頁。一九九三年に、これまで想定されていなかった大津波が北海道南西沖地震で起き、奥尻島などで多くの死者を出した。九五年には活断層が動いた阪神大震災が起き、その年に国は地震調査研究推進本部を創設する。これらを受けて、津波防災に関連する国土庁、建設省など七省庁が一九九八年、知られている過去の津波事例だけで原発の津波対策を取っている現状は不十分との認識に至り、最新の地震学の研究成果から想定される最大規模の津波も計算して「常に安全側の発想から対象津波を選定することが望ましい」との手引きを定めた。これによって福島沖も含めた宮城県沖から房総半島沖にかけての領域で、一六七七年延宝房総沖と同じ程度のマグニチュード8・0の津波地震が起きえると想定された（『原発と大津波』二三頁、二五―二六頁、六二頁）。二〇〇〇年には、東京電力が福島第一原発で想定していた約五メートルの津波の一・二倍のものが来襲すれば海水ポンプのモーターが止まり、原子炉の冷却に支障をきたすことが判明し、東電もその脆弱性を認識した（同書、三〇―三一頁）。二〇〇二年には地震調査研究推進本部が三陸沖北部から房総沖の海溝寄りにかけてマグニチュード八・二程度の高い津波を起こす「津波地震」が襲う可能性を指摘した（同書、六〇―六一頁）。

第六章

1 知里幸恵、知里真志保、金田一京助の時代の引用は文意を変えないかたちで現代仮名遣いに変えている。

2 やえ・せいじろう（一九二四―二〇〇九）釧路管内音別村（現釧路市）に入植した和人の両親の元で生まれたが、生まれた直後に白糠町のアイヌ民族の女性に預けられる。釧路市の春採コタンに移り住み、春採アイヌ古式舞踊釧路リムセ保存会会長の傍ら、儀式の祭司も務めた。二〇〇一年アイヌ文化賞受賞。

3 『コタン伝統の灯を守る』一―五頁。

第七章

1 『アイヌ民族の復原　チセ・ア・カラ――われら家をつくる』に家の建て方やアイヌ民族の考え方が描かれている。家を守る神への祈り言葉や家内一同を守る神に祈る言葉を知るには、栄栄吉「イノンノイタク（祈詞）」「アイヌ文化」第四号、七頁などを参照のこと。

2 やえ・くろう（一八九五―一九七八）釧路市出身の父と釧路管内弟子屈町屈斜路出身の母のもと釧路管内鶴居村下雪裡で生まれる。狩猟と馬の飼育で生計を立てた。『八重九郎の伝承』1―9巻（北海道教育庁生涯学習部文化課編、一九九三―二〇〇一年）などを残した。

3 したく・やえ（一九〇四―一九八〇）釧路管内白糠町出身。両親を早くに亡くし、祖父と二人暮らしのなかでアイヌ語や伝承を覚えた。阿寒湖畔のアイヌコタンに移り住み、アイヌ語の歌や物語を多数、録音テープに残した。『四宅ヤエの伝承』刊行会がその活字化に取り組んでいる。

4 くずの・たつじろう（一九一〇―二〇〇二）日高管内静内町生まれ。札幌・豊平川河畔での「アシㇼチェプノミ」をはじめ儀式で祭司を務めるかたわら、アイヌ語の伝承を『キムスポ』（「山の中の倉」の意）にまとめて自費出版した。一九九七年にアイヌ文化賞を受賞。

5 とよかわ・しげお（一九三一―二〇一五）石狩出身。漁師の家業を継いだが、サケが獲れなくなって二〇代半ば、札幌に出て木彫りを始める。一九八二年に札幌市豊平川でアシㇼチェプノミを復活させ、祭司を務める。一九八四年にアイヌ文化協会を設立し、会長に就任。一九九八年にアイヌ文化奨励賞を受賞した。カッケマッとメールをやり取りした時期は存命だったが、二〇一五年二月二五日に死去した。

6 なかもと・むつこ（一九二八―二〇一一）千歳市出身。一九八九年に千歳アイヌ文化伝承保存会を立ち上げて会長に就く。アイヌ語教室の講師も務め、アイヌ語学習のための絵本『アイヌの知恵　ウパシクマ』を刊行。一九九二年に同郷の故白沢ナベさんと国立劇場でカムイユカㇻを演じた。『アイヌ神謡集』の吹き込み、CD化などの功績で吉川英治文化賞を受賞。二〇〇四年にアイヌ文化賞を受賞。

7　明治期以降、漁場経営による収益や生活支援のための政府供与金などをアイヌ民族が地域や集団ごとに蓄えてきたのが共有財産で、現金や土地、漁場、公債証書などがあった。国は北海道旧土人保護法のもと、「アイヌ民族には資産の管理能力がない」との名目で北海道庁長官（のち北海道知事）に一括管理させた。一九九七年の保護法廃止とアイヌ文化振興法の成立に伴い、返還されることになった。道知事は現金・財産二六件計約一四七万円を返還すると公告したが、これまでの管理や金額の算出根拠があいまいなうえ、返還は、受ける側のアイヌ民族の申請に基づくとされたため、行政手続きに問題があり、財産権の侵害で違憲だとしてアイヌ民族が返還処分の無効確認を求めて提訴した。最高裁まで闘われたが、二〇〇六年に上告棄却で原告の訴えは退けられた。

8　民族の系統を明らかにするなどの目的で、北海道大学や東京大学をはじめ全国の大学研究者がかつて、北海道内外のアイヌ民族の墓地から一六〇〇体を超える遺骨を掘り出し、研究後も返還せずに学内に留め置いてきた。政府は返還の方針を決めたが、個人が特定できないことを理由に大半の遺骨は二〇二〇年に国が北海道白老町に造る「民族共生の象徴空間」の慰霊施設に集約される方向になった。これに対し、二〇一二年以降、北海道内各地のアイヌ民族が「民族の宗教観に基づく祖先供養が妨げられ、精神的苦痛を受けた」などとして遺骨を自分たちの地域（集落）に返還するよう求めて北大を訴えた。二〇一五年五月現在、札幌地裁で係争中。

9　『百年のチャランケ　アイヌ民族共有財産裁判の記録』二五五頁。二〇〇一年一〇月九日、札幌地裁での第一三回口頭弁論／意見陳述。

10　『北千島調査報文』一四六―一五〇頁で、北海道庁参事官高岡直吉は、北千島アイヌは北千島の状況が将来、どのように変化するか利害得失を見通して暮らすような民ではなく、なおかつ狩猟が永続するほど陸獣、海獣に富んでいると言えるかどうか疑わしいなどと分析したうえで、今日、北千島パラムシル島に帰させる必要はなく、移住させることは決して得策ではない、色丹島に定住させるべきだと結論づけている。

11　英国BBCワールドサービスが毎年行なっている国別好感度調査で、日本は二〇一二年（調査は二〇一一―一二年）に世界各国民の五八％の支持を集めて「世界に良い影響を与えている国」の世界第一位だったが、二〇一四年には四九％の第五位に落ちた。とくにドイツ人のあいだでは二〇一二年の五八％が一四年には二八％に半減し、代わりに「世界に悪い影響を与えている国」との答えが二九％から四六％に増えた。国家財政が悪いのに借金を重ねて景気浮揚を図る危うさに加え、原発事故では原因の究明・検証や脱原発に及び腰で、原発の是非を倫理・社会リスク面で専門家に諮ることもなく、再生可能エネルギーの普及に後ろ向きなことが失望を買っていると思われる。

12　北海道庁は「北海道アイヌ生活実態調査」で、調査対象を文中のように定義づけている。ただし、アイヌの人たちに対する奨学金の貸与資格審査においては、家系図に加え、戸籍謄本・除籍謄本など「アイヌの血族等であることが確認できるよう、先祖の除籍謄本等については可能な限り取得してください」と求めている。

近年、一部の人たちから「アイヌ民族はいま、もういない」などと民族否定論が出ているが、その認識は誤っている。いまなお自分がアイヌ民族であるという自意識、帰属意識（アイデンティティー）をもって生きている人が数多くいることは明白な事実である。日本政府も、二〇〇八年の衆参両院全会一致の国会決議に基づき、アイヌ民族を「先住民族」と認定している。否定論で許されないのは、これまで見てきたとおり、近世以降の長きにわたってアイヌ民族から独自の言葉や文化を奪い、人口を減少させてきたのは和人やロシア人の側だったという歴史認識が欠落しているところにある。そうさせた側が決して口にしてはならない表現であることは言うまでもない。

13　のむら・ぎいち（一九一四―二〇〇九）胆振管内白老村（現白老町）生まれ。一九六四年から九六年まで三二年間、北海道ウタリ協会（現北海道アイヌ協会）の理事長を務める。一九九二年にはニューヨークの国連本部で行なわれた「世界の先住民の国際年」で記念講演を行なう。アイヌ民族の権利回復を訴え続け、一九八四年に「アイヌ民族に関する法律（アイヌ新法）案」を協会独自に策定した。二〇〇五年にアイヌ文化賞を受賞。

14　ゆうき・しょうじ（一九三八―一九八三）釧路市生まれ。阿寒湖畔のコタン建設に参加したのち、北海道アイヌ協会再建者会議に参加。一九七二年にアイヌ解放同盟を創設し代表となる。アイヌ民族に対する差別的研究を批判し、民族復権の運動を続ける。一七八九年のクナシリ・メナシの決起の供養祭「ノッカマップ・イチャルパ」の実行委員会初代委員長に就任。著書に『アイヌ宣言』（三一書房）などがある。

15　かやの・しげる（一九二六―二〇〇六）日高管内平取町二風谷に生まれ、二風谷アイヌ文化資料館を開設。一九九四年にアイヌ民族初の国会議員として参院議員になり、アイヌ語で国会質問に立った。『萱野茂のアイヌ神話集成』『萱野茂のアイヌ語辞典』など著書多数。『ウエペケレ集大成』で菊池寛賞と吉川英治文化賞を受賞。二〇〇三年にアイヌ文化賞を受賞。

16　『先住民は今――二つの世界に生きる』四―六頁。ウィルマ・マンキラーさんの寄稿文のタイトルは「21世紀の先住民」。彼女は長年先住民族のための人権運動に携わっている。

終　章

1　『森と氷河と鯨』八三頁。

2　同前、九九頁。

3　米国の「ジェサップ北太平洋調査」（一八九七―一九〇二）から一〇〇年を経た再検証事業「ジェサップII」で、ワタリガラスかどうかの特定は別にして、カラスの創世神話と言えるものがアイヌ民族にもあることが報告された。益子待也「ワタリガラスと太陽」『渡鴉のアーチ』の一〇七頁に引用されたアイヌ民族の説話は次のようである。

「天帝が世界を創造したとき、悪魔は天帝の計画、とくに人間に関する計画を挫折させるためにあらんかぎりのことをした。すべてのことがなされてから、悪魔は光と暖かさを与える太陽がないと人間は生きられないことに気づいた。……そこで悪魔は太陽をのみ込むつもりで、ある朝、太陽が昇るずっと前に起きた。しかし、天帝は悪魔の計画を知って、カラスにこの計画の裏をかかせた。太陽が昇りつつあったとき、口を開けてのみ込もうとした悪魔の喉にカラスは飛び降りた。太陽は助けられた」

一方、アイヌ民族の創世神話にはモンゴルの要素が入っているとしたのは、神話学の大林太良・東大名誉教授（故人）である。その根拠として大林氏が挙げたのは、モンゴル系カルムイク族の創世神話だった。『東モンゴル史』では空虚な空間のなかに十方、つまり四方八方と上下から強い風が吹いてきて、最初に雲ができ、そして大地の堆積ができたと語られている。モンゴル系のカルムイク族は十方から吹いてきた風で雲が吹き寄せられて雨になり、その雨で大洋が発生し、そのあぶくの中からいろいろなものができたとしている」。そして、「アイヌの創世神話は、おもにモンゴル系統の民族に見られる神話、じつはかなり仏教の影響を受けた形で報告されている神話であるが、そういうものと奇妙な類似がある」と看破した。大林氏がモンゴルの要素を見たアイヌ民族の創世神話は次のものである。

「この人間世界はコタンカㇻカムイ（集落を造る神）が造ったのである。荒涼たる国土で、木もなく、草もなかった」。「大昔、この世がまだ無かった時、大海の表に、ただオプタテシケ――大雪山だけがみずから頭を出していた。コタンカルカムイは妹と共にその頂に降臨し、雲を埋めて陸地を造った。そのさい、黒雲は岩となり、黄色い雲は土となり、そして山や川や島々や国々が出来た。だから、いまでも山頂の巨岩には雲がたなびくのである」。これは北海道中南部、日高の沙流郡に伝わる創世神話である。別に、一八五八年の夏に北海道中央部の現在は栗山町のアイヌのエカシ（古老）が松浦武四郎に語った伝承も残されている。

「かつて、まだ国土というものがなかったころ、青海原の中に油のように浮いて漂うものがあった。その気は燃え立ち、清らかなものは立ち昇って天に、濁ったものは凝り固まって島になった。これはいまの後方羊蹄《しりべし》の岳であるという。島は月日を重ねるごとに大きく固くなり、その気が凝り固まって一柱の神になったが、天でもその清く明るい「気」が凝り固まって一柱の神になり、五色の雲に乗って降りてきた。神々は、乗っていた雲のうち、青いところを海の方に投げ入れて言った。「水になれ！」。すると海になった。次に、黄色に雲を投げると土になり、島を覆い尽くした。次に赤い雲を蒔いて言った。「金銀珠玉器財となれ！」最後に白い雲を蒔いて「草木鳥獣魚虫となれ！」と言った。

4　『星野道夫　永遠のまなざし』一三六頁。

5　クラストルは『国家に抗する社会』の二四九—二五五頁でこう書いている。
「事実上歴史は、相互に絶対的に還元不可能な二つのタイプの社会をわれわれに示している。ひとつは未開社会、あるいは国家なき社会、もう一方は、国家ある社会である」「未開社会は、そこでは国家が不可能であるからこそ、国家なき社会なのだ。ところが、全ての文明諸国ももとは、野蛮人だった。とすれば、何が国家を不可能なものでなくしたのか。なぜ人々は野蛮であることをやめたのか。いかなる途方もない出来事、どのような革命が、専制主、服従する者に対して命令を下す者の形象の出現を可能にしたのだろうか。政治権力はどこから来たのだろうか。おそらく、今しばらくは起源は神秘的なままであり続けるのだろう」

あとがき

一冊の本に縦横無尽の時空の広がりをもたせることは、ある意味でリスクを伴う挑戦でもある。旧ソ連チェルノブイリ、そして福島の原発事故という最悪の事態を経験したこの社会のあり方を問い直す道しるべとして、私は狩猟・漁労・採集に生きてきた日本の先住民族アイヌや北米・南米先住民の世界観、伝承、精神文化を選んだ。検証はさらに、一万数千年をさかのぼる縄文人の生きざまにも及んだ。読み始めて、着想の飛躍ぶりに刮目《かつもく》、動転した読者もいたことだろう。

とはいえ、アイヌ文化・歴史の研究者も含めて、読み通してもらった人たちの反応は思いのほか好意的で、言わんとしたことをしっかり理解してくれた。自分が見いだした連環が誤っていなかったとの確信を、私はもつことができた。

とくに福島の原発事故は、無反省なまま科学や技術に寄りかかり、万能の力を得たかのごとく奢り、畏れをなくした人間が、他の生き物たちとつながっているという感覚を忘れ、持続性をかなぐり捨てたところに起きたと私はみる。これからおそらく何年ものあいだ、郷里で暮らすことさえできなくなる人がおびただしい数出た。と同時に、生き物、大地、川、海、森――

すべてが広範に放射能で汚染されてしまった。自然をなくして人間は生きられない。その原点に立ち返って、私たちが自然とともに未来に大地を受け継いでいくためにはなにが必要か、本書をその思索、探究のきっかけにしてもらえたらありがたい。

構成の縦糸とも言える知里幸恵編著の『アイヌ神謡集』には、環境汚染をテーマに据えたと言っていい物語が二篇収められている。ひとつは川を濁らせてサケを遡上できなくした小男をやっつける話、もうひとつは川を汚してサケを引き返させ、山の環境を悪化させてシカをいなくさせる悪魔の子を退治する話で、いずれも人間の祖とされる半神半人オキキㇼムイ（アイヌラックㇽ、オキクㇽミ）の子どもが悪に立ち向かう。

数あるカムイ・ユカㇻのなかから「アイヌ神謡集」向けに一三篇を選び出し、そのうち二篇を生き物が良好に暮らせる環境を守る物語に充てた知里幸恵は、そう遠くない未来に開発や産業化がもたらすであろう人類的課題を見通す眼力を大正時代にすでに備えていた。神謡集に取り上げることで、環境問題への視座をもつ必要性を促したと言えよう。

これは驚きである。足尾銅山の鉱毒が渡良瀬川流域の稲の生育や人々の健康を害していることを田中正造が世間に告発したのは「神謡集」の発刊を二〇年ほど遡る一九〇〇年前後だったものの、水俣病や四日市ぜんそく、イタイイタイ病といった公害問題が顕在化したのは二〇世紀の後半だったからだ。

一方で人類は核の時代に入り、米ソを主とした冷戦下の核実験で大気を通じて地球全体に放射能をばらまき、チェルノブイリ原発事故、福島第一原発事故で大気中や海洋に再び大量の放射性物質が放出された。同時に地球温暖化問題への関心も高まり、異常気象や自然災害を招く二酸化炭素などの温室効果ガスに注がれる目も厳しさを増した。

二一世紀になってようやく、太陽光や風、地熱、小規模水力、海流といった再生可能エネルギーを誰もが手にすることができるようになり、人々の環境観も自ずと変わらずにいない時代を迎えている。地球が、この地上が、自然の恵み（エネルギー）にあふれているという感覚を自覚的にもつ人がこれからどんどん増えてくることだろう。反対に、企業ばかりでなく一人一人にも放出責任がある温室効果ガスは、ある種の「毒」のように見なされるようになるかもしれない。

先んじて環境汚染の問題に目を向けてきたのが知里幸恵であり、『アイヌ神謡集』の元となった口承伝承を受け継いできたアイヌ民族の先人たちだったと言って過言ではないはずだ。そういう論点で知里幸恵やアイヌ民族の精神文化の再評価もそろそろ行なわれていいのではないだろうか。本稿を読んでわかっていただいたと思うが、アイヌ民族のなかには表に出る出ないは別にして、精神文化をしっかり受け継いでいる人が何人もいる。発信の場が限定されているからなかなか多数派の人たちの目に留まらないだけなのだ。

その一方で、北海道の歴史を振り返るとき、私たち和人こそ、カムイノミ（神々への祈り）で長老（エカシ）たちが口にする「オリパク」の意味する「遠慮」や「畏れ」、「慎み」をもってこの大地で暮らさなければならないとあらためて思わずにいられない。集団としては消滅してしまった北千島アイヌの末裔であるカッケマッに背中を押され続けてここまでこぎ着けた。完結できたのは、悲しみに満ちた歴史を背負い、社会の未来を危惧するこの人との対話、そしてあらゆる場面での助言、助力に尽きる。

彼女はこの原稿全体に寄せるメッセージも送ってくれた。その一部を最後に紹介して筆を置きたい。

「小坂さんは先住民族から学ぶべき大切な生き方を二つ挙げている。『自然の前に畏れかしこむ謙虚さ、自然抜きに自分たちの生きる場もないとのエコロジー的発想、命を何より大事にする精神』『かつてアイヌ・コタン（集落）にあった小規模・自立・分散型の社会・経済を築き、それをネットワーク化すること』

人が手許の富を交換していくと自然発生的に村ができ、町ができ、国家が誕生する、そんなストーリーを私は漠然と思い描いていた。しかし小坂さんの取材では『クニができてもおかしくないほど富が蓄積できた地域でも、部族社会に踏みとどまる道を選び取った』事例が多数見受けられるという。

クニを造らないのは人間の叡智と呼べるのではないか、小坂さんは読者にそう問いかける。とはいえ、先住民族は居住地を無主の地とみなされて、国家に同化を迫られるのが歴史の常だったと小坂さんも認めている。クニをもたない共同体は圧倒的なクニの力の支配に屈してきた。

諸手《もろて》をあげて賛同するわけにはいかないのではないか。

また、人間は戦争や紛争、他民族の排除を繰り返して、より大きな力に依存したい欲求も併せ持つ。そういう性《さが》があって、戦争で溜飲《りゅういん》を下げる世紀が終わり、今世紀は袋小路に入って暴発したがっている衝動を叡智で抑えている、そんな様相を呈しているように私は考えてしまう。

小坂さんの思いの源には、魂の半身とも呼べる存在がある。動物写真家の故・星野道夫氏との間に親交があった。一九九六年カムチャッカ南部で取材中ヒグマに襲われて亡くなった星野さんは、太古の人間の適応力や移動経路への探求から、はるかな人類史の探求へと関心のフィールドを広げていた。この原稿はその意思の継承も込められているように私には思える。『人は動き、交流し、集団同士がつながっていく。自然や異民族と折り合いを持ちつつ、複雑なネットワークが築き上げられてきたのが人類史の神髄と言えまいか』。小坂さんと星野さんの確信は深く繋《つな》がりあう。星野さんが故人となった今もなお、交信し続けているかのようだ。

一生分のスケールでしか測れない時の単位や空間から解き放たれること。あらゆる生命が生と死を連関させながら、大きな自然という一つのまとまりを成していると気付くこと。人は死んで終わりではなく、その続きがあるのだ。二人を見ているとそう思える。自然全体が自己と同じだった先住民の規範は今、幻のように霞んでいるが、彼らから何を学べるだろう。都市の日常に追われる心で体感するのは難しいかもしれない。それでも、想像してみることに意義がある。

害をなすものは、私たち自身の二面性からやってきた。波のように周期をともなって壊し、創っては、分断した。人間に時間はあとどれだけ残っているだろう。先住民文化は気の遠くなる程長い時をかけて、人間をほんとうに生かす道を経験として知っていた、とはいえないだろうか。

未来の環境は本当に小坂さんの考えるように、意思による選択が可能なのだろうか。それとも、歴史は必然の連鎖で、選び取りなど出来ない相談なのだろうか」

本文中に登場するアイヌ民族の方々のほかにも「知里幸恵　銀のしずく記念館」を運営する知里幸恵の姪で、知里森舎理事長の知里（横山）むつみ・横山孝雄夫妻、アイヌ民族博物館ならびに野本正博館長をはじめ、多くの人が文化や精神、世界観をめぐるさまざまな知識や体験を授けてくれた。教えていただいたことを忠実に書き伝えようと努めたつもりだが、理解が不十分だったり、掘り下げが足りない部分が多々あるに違いない。私自身も勉強中の身である。ご海容願いたい。そんななかで杉村京子さんや萱野茂さん、野村義一さん、葛野辰次郎さん、根本与三郎さん、中本ムツ子さん、計良光範さん、豊川重雄さんといったお世話になった重鎮の方々が相次ぎ亡くなられたのは誠に残念である。だが、一方で若い世代で文化や精神を受け継ぐ人たちがつぎつぎと出てきている。この社会を変える発信力をこれからもてないはずがないとも思う。

福島県飯舘村の小林麻里さんら原発事故で被災した方々からもつらいなか、苦悩をお聞かせいただいた。ドイツで取材に応じてくれた方々、その機会を与えてくれたロバート・ボッシュ財団にも感謝したい。アラスカやカナダ北西海岸、ロシア極東での考古学、民族学の調査に連れていってくださった北大の岡田宏明・淳子両先生、国立民族学博物館の加藤九祚名誉教授、大塚和義名誉教授、アイヌ民族博物館の中村斎元館長らにもかけがえのない経験をさせてもらった。カナダ北西海岸の先住民、ロシア極東のウリチ民族のご厚意も忘れられない。一九九二年、新生ベラルーシ共和国でチェルノブイリ原発事故の影響、被害状況を教えてくださった共和国対外交流協会の方々にもお礼を言いたい。

脱原発の倫理的根拠や再生可能エネルギーの普及に関心をもたれている読者の方には寿郎社から出した拙著『〈ルポ〉原発はやめられる——日本とドイツ　その倫理と再生可能エネルギーへの道』を読むことをお薦めする。

出版に当たっては、未來社の西谷能英社長、編集者の天野みかさんに多大なご尽力を賜った。活字・出版文化の維持、振興に向けた西谷社長の並々ならぬ意欲には頭が下がる。昨年亡くなった母、あと押ししてくれた父や妻の潮、長男の直寛に本書を捧げたい。

二〇一五年六月

小坂洋右

参考文献

日本語文献

アイヌ文化保存対策協議会編集『アイヌ民族誌（下）』第一法規出版、一九六九年
アイヌ無形文化伝承保存会編『人々の物語――アイヌ無形民俗文化財記録第3輯』一九八三年
「アイヌ文化」第四号、アイヌ無形文化伝承保存会、一九七八年
『アイヌ無形民俗文化財記録刊行シリーズI　アイヌ民話』北海道教育委員会、一九八八年
『アイヌ無形民俗文化財記録刊行シリーズ11　トゥイタㇰ（昔語り）2』北海道教育委員会、一九九八年
「アイヌ民族共有財産裁判の記録」編集委員会編『百年のチャランケ　アイヌ民族共有財産裁判の記録』緑風出版、二〇〇九年
青山和夫著『古代メソアメリカ文明――マヤ・テオティワカン・アステカ』講談社選書メチエ393、講談社、二〇〇七年
秋月俊幸著『千島列島をめぐる日本とロシア』北海道大学出版会、二〇一四年
姉崎等、片山龍峯著『クマにあったらどうするか――アイヌ民族最後の狩人　姉崎等』木楽舎、二〇〇二年
阿部正己編「色丹島旧土人沿革」『アイヌ史資料集（第二期）第五巻』北海道出版企画センター、一九八四年
岩本由輝編『歴史としての東日本大震災――口碑伝承をおろそかにするなかれ』刀水書房、二〇一三年
宇梶静江著『すべてを明日の糧として――今こそ、アイヌの知恵と勇気を』清流出版、二〇一一年
ウラジミール・シェフチェンコ・撮影、広瀬隆・解説、奥原希行・本文『チェルノブイリクライシス――史上最悪の原発事故ＰＨＯＴＯ全記録』竹書房、二〇一一年

榎森進著『アイヌ民族の歴史』草風館、二〇〇七年
大貫良夫・加藤泰建・関雄二編『古代アンデス――神殿から始まる文明』朝日選書863、朝日新聞出版、二〇一〇年
大場利夫「北海道周辺地域に見られるオホーツク文化　Ⅳ千島」『北方文化研究』第5号、北海道大学文学部附属北方文化研究施設、一九七一年
大林太良著『北方の民族と文化』山川出版社、一九九一年
岡田宏明著『文化と環境――エスキモーとインディアン』北海道大学図書刊行会、一九七九年
荻原眞子著『北方諸民族の世界観――アイヌとアムール・サハリン地域の神話・伝承』草風館、一九九六年
開拓使『千島樺太交換一件書類』一八七五年から一八七六年、北海道大学付属図書館北方資料室蔵
片山龍峯著『「アイヌ神謡集」を読みとく』草風館、二〇〇三年
萱野茂・田中宏編集代表『アイヌ民族ドン叛乱　二風谷ダム裁判の記録』三省堂、一九九九年
萱野茂著、須藤功写真『アイヌ民家の復原　チセ・ア・カラ――われら家をつくる』未來社、一九七六年
萱野茂著『萱野茂のアイヌ神話集成　第3巻　カムイユカラ編　Ⅲ』企画・制作・発売元ビクターエンタテインメント株式会社、書籍編集平凡社、一九九八年
柄谷行人著『世界史の構造』岩波書店、二〇一〇年
柄谷行人著『「世界史の構造」を読む』インスクリプト、二〇一一年
柄谷行人著『哲学の起源』岩波書店、二〇一二年
樺太アイヌ史研究会編『対雁の碑――樺太アイヌ強制移住の歴史』北海道出版企画センター、一九九二年
北原次郎太著『アイヌの祭具　イナウの研究』北海道大学出版会、二〇一四年
木村英明、本田優子編『ものが語る歴史シリーズ13　アイヌの熊送りの世界』同成社、二〇〇七年
金田一京助著『アイヌ叙事詩――ユーカラ概説』青磁社、一九四三年
金田一京助著『アイヌの神典』八洲書房、一九四三年

金田一京助著『アイヌ叙事詩――虎杖丸の曲』青磁社、一九四四年
久保寺逸彦編訳『アイヌの神謡』草風館、二〇〇四年
倉光秀明著（記録）『上川アイヌ――熊まつり』一九五三年ごろ
栗島義明「コハクの利用と縄文社会――栗島台遺跡とコハク」「考古学ジャーナル」627号　特集「縄文時代の資源利用と地域社会」六一書房、二〇一二年
クロード・レヴィ＝ストロース著、大橋保夫訳『野生の思考』みすず書房、一九七六年
計良光範著『北の彩時記――アイヌの世界へ』コモンズ、二〇〇八年
小坂洋右著『流亡――日露に追われた北千島アイヌ』道新選書二四、北海道新聞社、一九九二年
小坂洋右著、林直光写真『アイヌを生きる　文化を継ぐ――母キナフチと娘京子の物語』大村書店、一九九四年
小坂洋右・大山卓悠著『星野道夫　永遠のまなざし』山と渓谷社、二〇〇六年
小坂洋右著『〈ルポ〉原発はやめられる――ドイツと日本　その倫理と再生可能エネルギーへの道』寿郎社、二〇一三年
小林麻里著『福島、飯舘　それでも世界は美しい――原発避難の悲しみを生きて』明石書店、二〇一二年
小山修三著『縄文時代――コンピュータ考古学による復元』中公新書733、中央公論社、一九八四年
小山修三著『縄文探検――民族考古学の試み』中公文庫、中央公論社、一九九八年
佐々木英基著『核の難民　ビキニ水爆実験「除染」後の現実』NHK出版、二〇一三年
佐藤孝雄編『シラッチセの民族考古学――漁川源流域におけるヒグマ猟と〝送り〟儀礼に関する調査・研究』六一書房、二〇〇六年
佐藤秀顕『千島紀行』（一八七五年と思われる）
更科源蔵、更科光著『コタン生物記　Ⅱ野獣・海獣・魚族篇』法政大学出版局、一九七六年
「色丹土人」「東京朝日新聞」一八九九年一月六日付

「色丹土人」「東京朝日新聞」一八九九年一月七日付
島田興生著『還らざる楽園――ビキニ被曝40年　核に蝕まれて』小学館、一九九四年
ジョーゼフ・キャンベル&ビル・モイヤーズ著、飛田茂雄訳『神話の力』早川書房、二〇一〇年
ジョナサン・マーゴリス編集『先住民は今――二つの世界に生きる』米国国務省国際情報プログラム局が編集して米国大使館レファレンス資料室が邦訳。二〇一〇年
眞並恭介著『牛と土――福島、3・11その後。』集英社、二〇一五年
スベトラーナ・アレクシエービッチ著、松本妙子訳『チェルノブイリの祈り：未来の物語』岩波書店、一九九八年
関雄二著『古代アンデス――権力の考古学』諸文明の起源12、京都大学学術出版会、二〇〇六年
添田孝史著『原発と大津波――警告を葬った人々』岩波新書1515、岩波書店、二〇一四年
「第四六回高文連全道高等学校研究発表大会郷土研究部門発表要旨　上川アイヌの研究　その46」旭川龍谷高等学校郷土部発行、二〇一一年
谷本一之、井上紘一編『渡鴉のアーチ：1903―2002――ジェサップ北太平洋調査を追試検証する』国立民族学博物館調査報告82、人間文化研究機構国立民族学博物館、二〇〇九年
「千島巡航日記」『千島州関係書』（写本）、一八八四年、北海道大学付属図書館北方資料室蔵（筆者は吉田政明氏と思われる）
知里真志保著『知里真志保著作集　第1巻』平凡社、一九七三年
知里真志保著『知里真志保著作集　第4巻』平凡社、一九七四年
知里真志保著『知里真志保著作集　別巻I』平凡社、一九七六年
知里真志保著、小坂博宣（知里真志保を語る会）編集『知里真志保の「アイヌ文学」』クルーズ、二〇一二年（知里真志保の『アイヌ文学』所収）
知里幸恵編訳『アイヌ神謡集』岩波書店（岩波文庫）、一九七八年

時任為基『明治八年　時任為基　クリル諸島人民調書』（写本）、一八七五年
冨永慶一採録『四宅ヤエの伝承　歌謡・散文編』「四宅ヤエの伝承」刊行会、二〇〇七年
鳥居龍蔵著『鳥居龍蔵全集　第七巻』朝日新聞社、一九七六年（鳥居龍蔵著『千島アイヌ』吉川弘文館、一九〇三年を所収）
中井三好著『知里幸恵――十九歳の遺言』彩流社、一九九一年
中川裕著『アイヌの物語世界』平凡社ライブラリー一九〇、平凡社、一九九七年
中川裕改訂、大塚一美編訳『アイヌ民話全集1　神話編Ⅰ』北海道出版企画センター、一九九〇年
中沢新一著『熊から王へ　カイエ・ソバージュⅡ』講談社選書メチエ239、二〇〇二年
中沢新一著『対称性人類学　カイエ・ソバージュⅤ』講談社選書メチエ291、二〇〇四年
中沢新一著『純粋な自然の贈与』講談社、二〇〇九年
中沢新一・坂本龍一著『縄文聖地巡礼』木楽舎、二〇一〇年
西村貞陽、折田平内『明治十二年　千島巡回所見略記』（写本）、一八七九年
根室県『明治一七年千島巡航書類』北海道立図書館蔵
野村哲也著『パタゴニアを行く　世界でもっとも美しい大地』中央公論新社、二〇一一年
原ひろ子著『ヘヤー・インディアンとその世界』平凡社、一九八九年
ピエール・クラストル著、渡辺公三訳『国家に抗する社会』水声社、一九八七年
ピエール・クラストル著、毬藻充訳・解説『暴力の考古学――未開社会における戦争』現代企画室、二〇〇三年
平山裕人著『アイヌの歴史　日本の先住民族を理解するための160話』明石書店、二〇一四年
藤村久和編集、北海道教育委員会発行『アイヌ民俗技術調査1〈狩猟技術〉』平成20年度アイヌ民俗文化財調査報告書、二〇〇九年
藤本英夫著『銀のしずく降る降る』新潮選書、新潮社、一九七三年

麓慎一「北千島アイヌの改宗政策について　色丹島におけるアイヌの改宗政策と北千島への帰還問題を中心に」『言語文化研究一九巻一号』立命館大学国際言語文化研究所、二〇〇七年
星野道夫著『アラスカ　極北・生命の地図』朝日新聞社、一九九〇年
星野道夫著『Alaska 風のような物語』小学館、一九九一年
星野道夫著『イニュニック〔生命〕――アラスカの原野を旅する』新潮社、一九九三年
星野道夫著『アークティック・オデッセイ――遥かなる極北の記憶』新潮社、一九九四年
星野道夫著『旅をする木』文藝春秋、一九九五年
星野道夫著『森と氷河と鯨――ワタリガラスの伝説を求めて』世界文化社、一九九六年
星野道夫著『ノーザンライツ』新潮社、一九九七年
星野道夫著『悠久の時を旅する』クレヴィス、二〇一二年
北海道庁『北千島調査報文』一九〇一年
北海道庁『千島調査報文』一九三一年
北海道庁『北海道旧土人保護沿革史』一九三四年
ポロンスキー著、榎本武揚訳『千島誌』(北方未公開古文書集成　第七巻)、叢文社、一九七九年
ポロンスキー著、駐露日本公使館訳『ロシア人日本遠訪記』原書房、一九五三年
マルセル・モース著、吉田禎吾・江川純一訳『贈与論』ちくま学芸文庫、筑摩書房、二〇〇九年
宮島利光著『チキサニの大地――アイヌ民族の歴史・文化・現在』日本基督教団出版局、一九九四年
村上敦著『キロワットアワー・イズ・マネー――エネルギー価値の創造で人口減少を生き抜く』いしずえ、二〇一四年
モース研究会『マルセル・モースの世界』平凡社新書五七八、平凡社、二〇一一年
八重清次郎など編『コタン伝統の灯を守る　釧路アイヌ民族文化リムセ保存会　会長八重清次郎』私家版、一九七六年ごろ

安田喜憲著『縄文文明の環境』歴史文化ライブラリー24、吉川弘文館、一九九七年
山田伸一著『近代北海道とアイヌ民族　狩猟規制と土地問題』北海道大学出版会、二〇一一年
山田康弘著『人骨出土例にみる縄文の墓制と社会』同成社、二〇〇八年
山本多助著『カムイ・ユーカラ　アイヌ・ラッ・クル伝』平凡社ライブラリー26、平凡社、一九九三年
山本紀夫ほか著『アメリカ大陸の自然誌3「新大陸文明の盛衰」』岩波書店、一九九三年
リュシアン・セバーグ著、田村俶訳『マルクス主義と構造主義』人文叢書22、人文書院、一九七一年
渡辺偉夫『日本被害津波総覧（初版）』東京大学出版会、一九八五年
渡辺偉夫『日本被害津波総覧（第二版）』東京大学出版会、一九九八年

欧文文献

Holm, Bill & Reid, Bill (1975) "Indian Art of the Northwest Coast: A dialogue on Craftsmanship and Aesthetics". The Institute for the Arts, Rice University. The University of Washington Press.
Metraux, Daniel A. (2002) Commentary on Alfred Metraux's final article, "Does Life End at Sixty?" (Delivered at special session of the American Anthropology Association, November 2002 in New Orleans)
Mould, Richard F. (2000) Chernobyl Record: The Definitive History of the Chernobyl Catastrophe. IOP Publishing Ltd.
Polonskii, A. S. (1871) Kurily, St. Peterburg（ロシア語文献）
Suttles, Wayne (Volume Editor) (1990) "Northwest Coast (Volume 7): Handbook of North American Indians" Smithsonian Institution. Washington.
Suttles, Wayne (1987) "Coast Salish Essays"

小坂洋右（こさかようすけ）
一九六一年札幌市生まれ。旭川市で小中時代を過ごす。北海道大学文学部卒。英オックスフォード大学ロイター・ファウンデーション・プログラム修了。アイヌ民族博物館学芸員などを経て北海道新聞記者に。現在、編集委員。著書に『破壊者のトラウマ——原爆科学者とパイロットの数奇な運命』（未來社）、『流亡——日露に追われた北千島アイヌ』（北海道新聞社）、『アイヌを生きる文化を継ぐ——母キナフチと娘京子の物語』（大村書店）、『〈ルポ〉原発はやめられる——日本とドイツ　その倫理と再生可能エネルギーへの道』（寿郎社）、『日本人狩り——米ソ情報戦がスパイにした男たち』（新潮社）、『星野道夫　永遠のまなざし』（山と渓谷社）、『人がヒトをデザインする——遺伝子改良は許されるか』（ナカニシヤ出版）などがある。北海道庁公費乱用取材班として新聞協会賞、日本ジャーナリスト会議（ＪＣＪ）奨励賞を受賞。『原発はやめられる』で第二七回地方出版文化功労賞奨励賞（ブックインとっとり主催）を受賞。

大地の哲学――アイヌ民族の精神文化に学ぶ

二〇一五年八月五日　初版第一刷発行

定価――本体二二〇〇円＋税
著者――小坂洋右
発行者――西谷能英
発行所――株式会社　未來社
〒一一二―〇〇〇二東京都文京区小石川三―七―二
電話〇三―三八一四―五五二一（代）
振替〇〇一七〇―三―八七三八五
http://www.miraisha.co.jp/
Email: info@miraisha.co.jp
印刷・製本――萩原印刷
組版――フレックスアート

ISBN978-4-624-41100-8 C0036

破壊者のトラウマ
小坂洋右 著

〔原爆科学者とパイロットの数奇な運命〕原爆に関わった科学者と軍人が、その後歩んだ数奇な人生。遺族への取材、大量の参考文献を援用して加害者のその後の心理を抉り出す。

一八〇〇円

東日本大震災以後の海辺を歩く
原田勇男 著

〔みちのくからの声〕仙台在住の詩人が、3・11以後の被災地を歩き、見て、現場の声に耳を傾け、大震災のいまだ癒えぬ傷跡と向き合う言葉を模索する。

二〇〇〇円

向井豊昭傑作集　飛ぶくしゃみ
向井豊昭 著／岡和田晃 編・解説

人と人とを隔て、差別と抑圧を産み出す「境界」。その解体を目論み、死の直前までゲリラ的な執筆活動を持続した反骨の作家、向井豊昭。「近代・アイヌ・エスペラント」を軸に精選した傑作集。

二二〇〇円

向井豊昭の闘争
岡和田晃 著

〔異種混交性（ハイブリディティ）の世界文学〕〈アイヌ〉に対する征服者としての痛みを背負いながら「爆弾の時代」を通りぬけ、グローバリズムと商業主義の暴力に裸一貫で立ち向かった作家のたどり着いた場所とは。

二六〇〇円

この北の風はどこへ吹く
山川力 著

北海道の全域を渉猟し、その歴史・文化・社会のありようを写真とともに克明に記録し、アイヌ民族や石仏への深い共感が示される。今日の北海道文化を顕彰しようとする大冊。

四八〇〇円

〔消費税別〕